Lothar Riedel (Hg.)

Entdecken, was uns glücklich macht

D1731225

HERDER spektrum

Band 5467

Das Buch

Alle suchen nach dem Glück – darüber, wie es zu finden ist, existieren vielleicht ebenso viele Ansichten wie es Menschen gibt. Die hier zusammengestellten Vorträge stellen bewährte Wege – und Umwege – zu Glück und einem sinnerfüllten Leben vor. Sie sprechen davon, dass es zweierlei Glück gibt: das große und das kleine. Dem großen Glück kann man ein Leben lang nachstreben – um das kleine Glück zu finden, braucht es die Erkenntnis, dass Glück auch im Gewöhnlichen liegen kann, und das Gespür dafür, wann die rechte Zeit ist, um es zu ergreifen. Im Zeitalter der Individualisierung gibt es keine universell gültigen Glücks-Entwürfe mehr; gelingende Lebensführung ist zur persönlichen Aufgabe jedes Einzelnen geworden. Glück zu empfinden hat gleichzeitig sehr viel mit Gemeinschaft, Beziehung, Liebe zu tun: Glück liegt im Einander-Festhalten, wenn man am liebsten davonlaufen würde; im Hinspüren auf das, was man auch im Konflikt mit anderen gemeinsam hat; im Wahrnehmen der Chancen, die in einer Krise stecken. Glück erschließt sich im Spannungsfeld des Hörens auf die eigene innere Stimme einerseits und auf die Bedürfnisse nach Gemeinschaft andererseits. Und ab und zu heißt Glück ganz einfach, herzhaft zu lachen – über sich selbst, die anderen und die Welt.

Mit Beiträgen u.a. von Bert Hellinger, Wilhelm Schmid, Jirina Prekop und Arnold Mindell.

Der Herausgeber

Lothar Riedel, ausgebildet im Bereich Sozialpsychiatrie und Humanistische Psychologie, war lange als Supervisor, psychologischer Berater und Seminarleiter tätig. 1994 war er Mitbegründer der Basler „Perspectiva" (Gesellschaft für Persönlichkeitsentwicklung), deren Geschäftsführer er ist. Darüber hinaus ist er Organisator der jährlich stattfindenden „Basler Psychotherapietage".

Lothar Riedel (Hg.)

Entdecken, was uns glücklich macht

Perspektiven von: Bert Hellinger,
Jirina Prekop, Wilhelm Schmid u. a.

HERDER

FREIBURG · BASEL · WIEN

Originalausgabe

Gedruckt auf umweltfreundlichem,
chlorfrei gebleichtem Papier

Alle Rechte vorbehalten – Printed in Germany
© Verlag Herder Freiburg im Breisgau 2004
www.herder.de
Satz: Rudolf Kempf, Emmendingen
Herstellung: fgb · freiburger graphische betriebe 2004
www.fgb.de
Umschlagmotiv: Paul Cézanne,
Stillleben mit Obstschale und Äpfeln, 1879 – 1882.
Öl auf Leinwand, 55 x 74,5 cm.
Venturi 344. Winterthur, Sammlung Oskar Reinhart
ISBN 3-451-05467-1

Inhalt

Vorwort

> Glück ist kein leichtes Ding,
> es ist schwierig in sich selbst
> und unmöglich anderswo zu finden.
> *A. Schopenhauer*

Die Frage nach dem Glück zählt zu den zentralen Themen im Leben eines jeden Menschen. Jeder von uns möchte glücklich sein. Sollen wir jedoch erklären, was Glück bedeutet, stoßen wir schnell an eine Grenze. Kinder sind wesentlich erfindungsreicher, wenn es darum geht, etwas zu finden, was sie glücklich macht. Der Sonnenstrahl, der über dem Bett des Babys tanzt, es an der Nase kitzelt und so weckt. Der Schmetterling, der sich auf kleine Kinderhände setzt und mit einem Strahlen im Gesicht bewundert wird. Die Schultüte, die einen scheinbar nie endenden Vorrat an Leckereien beinhaltet. Der Ausflug mit der ganzen Familie, bei der endlich mal alle Zeit für einander haben. Das Leben eines Kindes scheint voller Glücksmomente zu sein, wenn wir als Erwachsene darauf zurückblicken.

Was macht es uns dann so schwer, dieses Glück zu fassen oder es auch nur zu definieren? Sind doch in unserer konsumfreudigen Zeit die Ablenkungen und Glücksversprechen überall zu finden. Es werden uns täglich viele Produkte angeboten mit der Zusicherung, wenn wir dies oder jenes kaufen würden, wären wir auf der Stelle glücklich. Uns wird suggeriert, Glück habe etwas zu tun mit unmittelbarer, möglichst schneller Bedürfnisbefriedigung. Doch ist Glück wirklich etwas, das an einen Besitz, einen anderen Menschen oder überhaupt an etwas Äußeres geknüpft werden kann?

Philosophen und Religionsstifter haben schon immer versucht, unser Suchen in eine andere Richtung zu lenken. Das Glück sei nicht im Außen zu finden, sondern einzig und allein in uns selbst. Wer glaubt, nur dann glücklich zu sein, wenn die äußeren Umstände passen, wenn er reich ist, wenn er berühmt ist oder beliebt, wird davon vielleicht graue Haare kriegen. Aber wird er glücklich werden? Und was ist mit all denen, die auf das große Glück warten? Sie übersehen die kleinen Glücksmomente des Lebens, sie vergessen, sich über Alltäglichkeiten zu freuen, sie erkennen nicht, dass das Glück ihnen immer wieder zuwinkt. Sie erwarten einen großen Knall, nach dem alles anders ist, besser, schöner – glücklicher eben.

Wenn wir uns aufmachen, das Glück im Außen zu suchen, übersehen wir das Wesentliche. Glück ist nicht käuflich; es ist unbestechlich, nicht erjagbar und nicht verschenkbar. Wir müssen bei uns anfangen, unsere Augen öffnen, um das Glück zu sehen, die Ohren spitzen, um das Glück zu hören und vor allem aus ganzem Herzen bereit sein, ihm einen Platz in unserem Leben einzuräumen. Das Glück ist immer da, nur wir sind es vielleicht nicht. Wir sind in unseren Gedanken, wir sind in unserem Körper, in unseren Gefühlen – oder gerade auf der Suche nach dem Glück.

Die Texte in diesem Buch wurden zunächst als Vorträge im Rahmen der Basler Psychotherapietage gehalten und wurden dann in verschiedenen Kongressbänden veröffentlicht. Im vorliegenden Band werden sie in neuer Zusammenstellung einer breiteren Öffentlichkeit zugänglich gemacht.

Es erwarten Sie die Beiträge von folgenden Autoren:

Bert Hellinger, der zwischen dem großen und dem kleinen Glück unterscheidet. Das große Glück, das jenseits der menschlichen Möglichkeiten, in der Ferne gesucht wird und die uns gesetzten Grenzen verkennt. Das kleine Glück, das nicht gesucht zu werden braucht, weil es aus dem Einklang mit dem uns Vorgegebenen gefunden wird. Mit seinen Geschichten, insbesondere der vom großen und kleinen Orpheus, lässt er dies auf wunderbare Weise deutlich werden.

Wilhelm Schmid greift zurück auf die philosophische Tradition, die schon immer der Meinung war, dass jeder selbst die Quelle des Glücklichseins ist und dass eine derartige Selbstbeziehung die Grundlage für eine glückliche Beziehung mit anderen darstellt.

Arnold Mindell und seine Frau Amy sind weltweit unterwegs und arbeiten in Großgruppen mit verfeindeten Parteien daran, dass ein Konsens entsteht, der zum friedlichen miteinander Weiterleben ausreicht. Für viele ist das ein erster Schritt in Richtung Glück.

Jirina Prekop geht davon aus, dass Polaritäten gelebt werden müssen. Sie macht sich stark für die Eindeutigkeit und Klarheit in Beziehungen. Die in unserer Zeit sich immer weiter verbreitende Unverbindlichkeit, das „Wischiwaschi", wie sie es nennt, hält uns ab vom Glücklichsein.

David Gilmore lädt uns ein, Kontakt aufzunehmen mit dem Clown, dem Narren, der Haltung von Humor in uns. Wenn wir herzhaft lachen, können wir nicht denken. Sind wir in solchen Augenblicken glücklich?

Evelyne Coën, in deren Praxis viele Manager und Unternehmer kommen, die resigniert feststellen: „Ich leiste viel, aber ich lebe wenig." Sie will uns in ihrem Beitrag Mut machen, unsere Träume wieder zu finden und sie zu leben.

Alle Autorinnen und Autoren haben sich intensiv in ihrem eigenen Leben und in ihrer Arbeit mit dem Thema Glück befasst. An Ihnen ist es nun, aus diesem Fundus zu schöpfen und dem Glück die Tür zu öffnen – oder wenigstens ein Fenster.

Ich wünsche Ihnen eine anregende und beglückende Lektüre.

Lothar Riedel

Zweierlei Glück

Bert Hellinger

Das Thema *Zweierlei Glück* stammt von einer Geschichte, die ich Ihnen zu Beginn erzähle:

Zweierlei Glück

In alter Zeit, als die Götter den Menschen noch sehr nahe schienen, lebten in einer kleinen Stadt zwei Sänger namens Orpheus.

Der eine von den beiden war der Große. Er hatte die Kithara erfunden, eine Vorform der Gitarre, und wenn er in die Saiten griff und sang, war die Natur um ihn verzaubert. Wilde Tiere lagen zahm zu seinen Füßen, hohe Bäume bogen sich ihm zu: Nichts konnte seinen Liedern widerstehen. Weil er so groß war, warb er um die schönste Frau. Danach begann der Abstieg.

Während er noch Hochzeit hielt, starb die schöne Eurydike, und der volle Becher, noch während er ihn hob, zerbrach. Doch für den großen Orpheus war der Tod noch nicht das Ende. Mit Hilfe seiner hohen Kunst fand er den Eingang in die Unterwelt, stieg hinab ins Reich der Schatten, setzte über den Strom des Vergessens, kam vorbei am Höllenhund, trat lebend vor den Thron des Totengottes und rührte ihn mit seinem Lied.

Der Tod gab Eurydike frei – doch unter einer Bedin-

11

gung, und Orpheus war so glücklich, dass ihm die Häme hinter dieser Gunst entging.

Er machte sich auf den Weg zurück und hörte hinter sich die Schritte der geliebten Frau. Sie kamen heil am Höllenhund vorbei, setzten über den Strom des Vergessens, begannen den Aufstieg zum Licht, sahen es von ferne. Da hörte Orpheus einen Schrei – Eurydike war gestolpert – erschrocken drehte er sich um, sah noch die Schatten fallen in die Nacht und war allein. Und fassungslos vor Schmerz sang er das Abschiedslied: „Ach, ich habe sie verloren, all mein Glück ist nun dahin!"

Er selber fand ans Licht zurück, doch das Leben war ihm bei den Toten fremd geworden. Als betrunkene Frauen ihn zum Fest des neuen Weines führen wollten, weigerte er sich, und sie zerrissen ihn bei lebendigem Leibe.

So groß war sein Unglück, so vergeblich seine Kunst. Aber: Alle Welt kennt ihn!

Der andere Orpheus war der Kleine. Er war nur ein Bänkelsänger, trat bei kleinen Festen auf, spielte für die kleinen Leute, machte eine kleine Freude und hatte selber Spaß dabei. Da er von seiner Kunst nicht leben konnte, lernte er noch einen anderen, gewöhnlichen Beruf, heiratete eine gewöhnliche Frau, hatte gewöhnliche Kinder, sündigte gelegentlich, war ganz gewöhnlich glücklich und starb alt und lebenssatt.

Aber: Niemand kennt ihn – außer mir!

*

Was ist nun der Unterschied des einen vom anderen Glück?

Das eine Glück wird jenseits der menschlichen Möglichkeiten gesucht und, vor allem, es verkennt die uns gesetzten Grenzen. Es sucht in der Ferne.

Das andere Glück wird eigentlich nicht gesucht. Es kommt aus dem Einklang mit dem uns Vorgegebenen und mit dem uns vom Vorgegebenen Geschenkten. Es wird im Nahen gefunden.

Auch dazu erzähle ich eine Geschichte.

Die Wende

Jemand wird hineingeboren in seine Familie, seine Heimat und Kultur, und schon als Kind hört er, wer einst ihr Vorbild war, ihr Lehrer und ihr Meister, und er spürt die tiefe Sehnsucht, so zu werden und zu sein wie er. Er schließt sich Gleichgesinnten an, übt sich in jahrelanger Zucht und folgt dem großen Vorbild nach, bis er ihm gleichgeworden ist und denkt und spricht und fühlt und will wie er.

Doch eines, meint er, fehle noch. So macht er sich auf einen weiten Weg, um in der fernsten Einsamkeit auch eine letzte Grenze vielleicht zu überschreiten. Er kommt vorbei an alten Gärten, die längst verlassen sind. Nur wilde Rosen blühen noch, und hohe Bäume tragen jährlich Frucht, die aber achtlos auf den Boden fällt, weil keiner da ist, der sie will. Danach beginnt die Wüste.

Schon bald umgibt ihn eine unbekannte Leere. Ihm ist, als sei hier jede Richtung gleich, und auch die Bilder, die er manchmal vor sich sieht, erkennt er bald als leer. Er wandert, wie es ihn nach vorne treibt, und als er seinen Sinnen längst nicht mehr vertraut, sieht er vor sich die Quelle. Sie sprudelt aus der Erde und versickert schnell. Dort aber, wo ihr Wasser hinreicht, verwandelt sich die Wüste in ein Paradies.

Als er dann um sich schaut, sieht er zwei Fremde kommen. Sie hatten es genau wie er gemacht. Sie waren ihrem Vorbild nachgefolgt, bis sie ihm gleich geworden waren. Sie hatten sich, wie er, auf einen weiten Weg gemacht, um in der Einsamkeit der Wüste auch eine letzte Grenze vielleicht zu überschreiten. Und sie fanden, so wie er, die Quelle. Zusammen beugen sie sich nieder, trinken von dem gleichen Wasser und glauben sich schon fast am Ziel. Dann nennen sie sich ihre Namen: „Ich heiße Gautama, der Buddha." „Ich heiße Jesus, der Christus." „Ich heiße Mohammed, der Prophet."

Dann aber kommt die Nacht, und über ihnen strahlen, wie eh und je, unnahbar fern und still die Sterne. Sie werden alle stumm, und einer von den Dreien weiß sich dem großen Vorbild nah, wie nie zuvor. Ihm ist, als könne er, für einen Augenblick, erahnen, wie es ihm ergangen war, als er es wusste: die Ohnmacht, die Vergeblichkeit, die Demut. Und wie es ihm ergehen müsste, wüsste er auch um die Schuld.

Am nächsten Morgen kehrt er um, und er entkommt der Wüste. Noch einmal führt sein Weg vorbei an den verlassenen Gärten, bis er an einem Garten endet, der ihm selbst gehört. Vor seinem Eingang steht ein alter Mann, als hätte er auf ihn gewartet. Er sagt: „Wer von so weit zurückgefunden hat wie du, der liebt die feuchte Erde. Er weiß, dass alles, wenn es wächst, auch stirbt, und, wenn es aufhört, nährt." „Ja", gibt der andere zur Antwort, „ich stimme dem Gesetz der Erde zu." Und er beginnt, sie zu bebauen.

*

Auch hier geht es um Zweierlei Glück. Das eine wird ersehnt, das andere wird gefunden. Das eine in der Ferne wird als erhaben und besonders angesehen. Doch am Ende erweist es sich als leer. Das ferne Glück überhebt sich über das Gewöhnliche, doch das, was es zustande bringt, ist, verglichen mit dem Einfachen, wenig. Es opfert viel für nichts. Dazu noch eine andere Geschichte. Sie heißt:

Das Nicht

Ein Mönch, der auf der Suche war,
bat einen Händler auf dem Markt
um eine Gabe.

Der Händler hielt noch einen Blick lang inne
und fragte ihn, als er sie gab:
„Wie kann es sein, dass du von mir,
was dir zum Leben fehlt, erbitten,
doch mich und meine Lebensweise,
die es dir gewähren,
für minder achten musst?"

Der Mönch gab ihm zur Antwort:
„Verglichen mit dem Letzten, das ich suche,
erscheint das andere
gering."

Der Händler aber fragte weiter:
„Wenn es ein Letztes gibt,
wie kann es etwas sein,
das einer suchen oder finden könnte,
als läge es am Ende eines Weges?
Wie könnte einer je
zu ihm sich wegbegeben und so,
als sei es unter anderem und vielem eines,

mehr als die anderen und vielen
seiner habhaft werden?
Und wie könnte umgekehrt
von ihm sich einer wegbegeben
und weniger als andere
von ihm getragen
oder ihm zu Diensten sein?"

Der Mönch entgegnete:
„Das Letzte findet,
wer dem Nahen und dem Jetzigen
entsagt."

Der Händler aber überlegte weiter:
„Wenn es ein Letztes gibt,
dann ist es jedem nah,
wenn auch, so wie in jedem Sein ein Nicht
und wie in jedem Jetzt ein Vorher und ein Nachher,
in dem, was uns erscheint
und was verweilt,
verborgen.

Verglichen mit dem Sein,
das wir vorübergehend und begrenzt erfahren,
scheint uns das Nicht unendlich,
wie das Woher und das Wohin,
verglichen mit dem Jetzt.

Doch offenbart das Nicht sich uns
im Sein,
wie das Woher und das Wohin
im Jetzt.

Das Nicht ist wie die Nacht
und wie der Tod
ungewusster Anfang
und schlägt im Sein für uns nur kurz,
so wie ein Blitz,
das Auge auf.
So kommt das Letzte auch uns nur im Nahen
nah,
und es leuchtet
jetzt."

Nun fragte auch der Mönch:
„Wenn, was du sagst, die Wahrheit wäre,
was bliebe noch
für mich und dich?"

Der Händler sprach:
„Uns bliebe noch,
für eine Zeit,
die Erde."

★

Vieles, was uns als groß erscheint, erweist sich letztlich
wie Flucht vor dem Gewöhnlichen, wie ein Sich-Drü-
cken vor dem Nahen, wie eine Weigerung, dem, was uns
vorgegeben ist, zuzustimmen und sich ihm zu stellen.

Daher zu diesem Thema noch eine Geschichte:

Die Einsicht

Eine Gruppe Gleichgesinnter, die sich noch am Anfang wähnten, fand zusammen, und sie besprachen ihre Pläne für eine bessere Zukunft. Sie kamen überein, dass sie es anders machen würden. Das Gewöhnliche und das Alltägliche und dieser ewige Kreislauf waren ihnen zu eng. Sie suchten das Einzigartige, das Weite, und sie hofften zu sich selbst zu finden wie noch nie ein anderer zuvor. Im Geiste sahen sie sich schon am Ziel, malten sich aus, wie es sein würde, und sie entschlossen sich zu handeln. „Als Erstes", sagten sie, „müssen wir den großen Meister suchen; denn damit fängt es an." Dann machten sie sich auf den Weg.

Der Meister wohnte in einem anderen Land und gehörte einem fremden Volke an. Viel Wunderliches hatte man von ihm berichtet, doch keiner schien es je genau zu wissen. Dem Gewohnten waren sie schon bald entronnen, denn hier war alles anders: die Sitten, die Landschaft, die Sprache, die Wege, das Ziel. Manchmal kamen sie an einen Ort, von dem es hieß, dass dort der Meister sei. Doch wenn sie Näheres erfahren wollten, hörten sie, er sei gerade wieder fort, und niemand wusste, welche Richtung er genommen hatte. Dann, eines Tages, fanden sie ihn doch.

Er war bei einem Bauern auf dem Feld. So verdiente er sich seinen Unterhalt und ein Lager für die Nacht. Sie wollten es zuerst nicht glauben, dass er der lang ersehnte Meister sei, und auch der Bauer staunte, dass sie den Mann, der mit ihm auf dem Felde war, für so besonders hielten. Er aber sagte: „Ja, ich bin ein Meister. Wenn ihr von mir lernen wollt, so bleibt noch eine Woche hier. Dann will ich euch belehren."

Die Gleichgesinnten verdingten sich beim gleichen Bauern und erhielten Speise, Trank und Unterkunft. Am achten Tag, als es schon dunkel wurde, rief sie der Meister zu sich, setzte sich mit ihnen unter einen Baum und erzählte ihnen eine Geschichte.

„Vor langer Zeit dachte ein junger Mann darüber nach, was er mit seinem Leben machen wolle. Er stammte aus vornehmer Familie, war verschont vom Zwang der Not und fühlte sich dem Höheren und Besseren verpflichtet. Und so verließ er Vater und Mutter, schloss sich drei Jahre den Asketen an, verließ auch sie, fand dann den Buddha in Person und wusste, auch das war ihm noch nicht genug. Noch höher wollte er hinauf, bis dorthin, wo die Luft schon dünn wird und der Atem schwerer geht: wo niemand vor ihm jemals hingekommen war. Als er dort ankam, hielt er inne. Es war das Ende dieses Weges, und er sah, dass es ein Irrweg war.

Nun wollte er die andere Richtung nehmen. Er stieg hinunter, kam in eine Stadt, eroberte die schönste Kurtisane, wurde Teilhaber eines reichen Kaufmanns und war bald selber reich und angesehen.

Doch er war nicht ganz ins Tal hinabgestiegen. Er hielt sich nur am oberen Rande auf. Zum vollen Einsatz fehlte ihm der Mut. Er hatte eine Geliebte, aber keine Frau, bekam einen Sohn, war aber kein Vater. Die Kunst der Liebe und des Lebens hatte er gelernt, doch nicht die Liebe und das Leben selbst. Was er nicht angenommen, begann er zu verachten, bis er es überdrüssig wurde und auch das verließ."

Hier machte der Meister eine Pause. „Vielleicht erkennt ihr die Geschichte", sagte er, „und ihr wisst auch, wie sie ausgegangen ist. Es heißt, der Mann sei am Ende demütig geworden und weise und dem Gewöhnlichen zugetan. Doch was heißt das schon, wenn vorher so viel versäumt ist. Wer dem Leben traut, dem ist das Nahe nicht der Brei, um den er in der Ferne schleicht. Er meistert das Gewöhnliche zuerst. Denn sonst ist auch sein Ungewöhnliches – vorausgesetzt, dass es das gibt – nur wie der Hut auf einer Vogelscheuche."

Es war still geworden, und auch der Meister schwieg. Dann stand er wortlos auf und ging.

Am nächsten Morgen war er nicht zu finden. Noch in der Nacht hatte er sich wieder auf den Weg gemacht und nicht gesagt, wohin.

Jetzt waren die Gleichgesinnten wieder auf sich gestellt. Einige von ihnen wollten es nicht wahrhaben, dass der Meister sie verlassen hatte, und sie brachen auf, ihn noch einmal zu suchen. Andere konnten zwischen ihren Wünschen oder Ängsten kaum noch unterscheiden und wahllos suchten sie nach irgendeinem Weg.

Einer aber besann sich. Er ging noch einmal zu dem Baum, setzte sich und schaute in die Weite, bis es in seinem Innern ruhig wurde. Was ihn bedrängte, stellte er aus sich hinaus und vor sich hin, wie einer, der nach langem Marsch den Rucksack abnimmt, bevor er rastet. Und ihm war leicht und frei.

Da standen sie nun vor ihm: seine Wünsche – seine Ängste – seine Ziele – sein wirkliches Bedürfnis. Und ohne dass er näher hinsah oder ganz Bestimmtes wollte –, eher wie einer, der sich Unbekanntem anvertraut – wartete er, dass es geschehe wie von selbst, dass jedes dort sich füge auf den Platz, der ihm im Ganzen zukam, gemäß dem eigenen Gewicht und Rang.

Es dauerte nicht lange, und er bemerkte, dass es dort draußen weniger wurde, als ob sich einige wegschlichen wie entlarvte Diebe, die das Weite suchen. Und ihm ging auf: Was er als seine eigenen Wünsche angesehen hatte, als seine eigenen Ängste, als seine eigenen Ziele, das hatte ihm ja nie gehört. Das kam ja ganz woanders her und hatte sich nur eingenistet. Doch jetzt war seine Zeit vorbei.

Bewegung schien in das zu kommen, was dort vor ihm noch übrig war. Es kam zu ihm zurück, was wirklich ihm gehörte, und jedes stellte sich auf seinen rechten Platz. Kraft sammelte sich in seiner Mitte, und dann erkannte er sein eigenes, sein ihm gemäßes Ziel. Ein wenig wartete er noch, bis er sich sicher war. Dann stand er auf und ging.

★

Nun steht auch dem gewöhnlichen Glück manchmal etwas entgegen, zum Beispiel Ereignisse aus der Vergangenheit, die nachwirken, oft ohne dass wir uns ihrer bewusst sind. Dann hilft es, innezuhalten, für kurze Zeit noch einmal zurückzugehen, das Unerledigte in Ordnung zu bringen und dann sowohl erleichtert als auch bereichert zurückzukommen und weiterzuschreiten. Auch dazu erzähle ich eine Geschichte.

Es ist eine von jener Sorte, die bewirken, was sie erzählen, und so könnt ihr, wenn ihr wollt, die Augen schließen und euch von der Geschichte dorthin tragen lassen, wo etwas auch für euch der Lösung und des Findens harrt.

Der Abschied

Ich lade Sie jetzt ein zu einer Reise zurück in die Vergangenheit, wie wenn Leute nach Jahren sich noch einmal aufmachen, um dorthin zurückzukehren, wo damals Entscheidendes geschah.

Doch diesmal lauert keine Gefahr, alles ist schon überstanden. Eher ist es, wie wenn alte Kämpfer, nachdem schon lange Frieden ist, noch einmal über jenes Schlachtfeld schreiten, auf dem sie sich bewähren mussten. Lange wächst schon wieder Gras darüber, und Bäume blühen und tragen Frucht. Vielleicht erkennen sie sogar den Ort nicht wieder, weil er nicht so erscheint, wie sie ihn im Gedächtnis hatten, und sie brauchen Hilfe, um sich zurechtzufinden.

Denn merkwürdig ist, wie unterschiedlich wir Gefahr begegnen. Ein Kind, zum Beispiel, steht starr vor Schreck vor einem großen Hund. Dann kommt die Mutter, nimmt es auf den Arm, die Spannung löst sich und es beginnt zu schluchzen. Doch bald schon dreht es seinen Kopf und schaut, nun aus der sicheren Höhe, unbefangen auf das fürchterliche Tier.

Ein anderer, wenn er sich geschnitten hat, kann nicht mitansehen, wie sein Blut fließt. Sobald er aber wegschaut, fühlt er nur wenig Schmerz.

Schlimm ist es also, wenn alle Sinne zusammen im Geschehen gefangen sind, sie nicht mehr einzeln und getrennt zum Zuge kommen können und der Einzelne dann von ihnen überwältigt wird, so dass er nicht mehr sieht und hört und fühlt, was wirklich ist.

Wir gehen jetzt auf eine Reise, bei der ein jeder, wie er will, das Ganze zu Gesicht bekommt, doch nicht auf einmal. Und auch das Ganze miterlebt, doch mit dem Schutz, den er sich wünscht. Bei der er auch verstehen mag, was zählt, eins nach dem anderen. Wer will, der mag sich auch vertreten lassen, wie einer, der es sich gemütlich macht in seinem Sessel und dann die Augen schließt und träumt, er sehe sich die Reise machen, und der, obwohl er doch zu Hause bleibt und schläft, es alles miterlebt, als wäre er dabei.

Die Reise geht in eine Stadt, die einmal reich war und berühmt, doch jetzt schon lange einsam ist und leer, wie eine Geisterstadt im Wilden Westen. Man sieht die Stollen noch, in denen Gold gegraben wurde. Die Häuser sind noch fast intakt. Sogar das Opernhaus ist noch zu sehen. Doch alles ist verlassen. Schon lange gibt es hier nichts mehr als nur Erinnerung.

Wer auf diese Reise geht, der sucht sich einen Kundigen, dass er ihn führe. Und so kommt er zu dem Ort und die Erinnerung wird wach. Hier also war es gewesen, was ihn so sehr erschüttert hatte, was er auch heute noch nur schwer erinnern will, weil es so schmerzlich war. Doch jetzt scheint Sonne über der verlassenen Stadt. Wo einmal Leben war, Gedränge und Gewalt, ist Ruhe eingekehrt, fast Frieden.

Sie wandern durch die Straßen, und dann finden sie das Haus. Er zögert noch, ob er es wagen will, hineinzugehen, doch sein Begleiter will zuerst allein voraus, um es schon vorher anzusehen und um zu wissen, ob der Ort nun sicher sei und ob noch etwas übrig ist von damals.

Inzwischen schaut der andere draußen durch die leeren Straßen, und Erinnerungen kommen hoch an Nachbarn oder Freunde, die es dort gegeben hatte. Erinnerungen an Szenen, in denen er glücklich war und heiter, voll Lebenslust und Tatendrang, wie Kinder, die durch nichts zu bremsen sind, weil sie nach vorne drängen, zum Neuen hin, zum Unbekannten, Großen, Weiten, zu Abenteuer und zu bestandener Gefahr. So vergeht die Zeit.

Dann winkt ihm sein Begleiter, nachzukommen. Er tritt nun selber in das Haus, kommt in den Vorraum, schaut sich um und wartet. Er weiß, welche Menschen ihm damals hätten helfen können, damit er es ertragen hätte, Menschen, die ihn liebten und die auch stark und mutig waren und wissend. Ihm ist, als wären sie nun hier, als höre er ihre Stimme und spüre ihre Kraft. Dann nimmt ihn sein Begleiter bei der Hand, und beide öffnen sie die eigentliche Tür.

Da steht er nun und ist zurückgekehrt. Er fasst die Hand, die ihn hierhergeführt, und schaut sich ruhig um, damit er sehe, wie es wirklich war, das eine und das andere, das Ganze. Seltsam, wie anders er es wahrnimmt, wenn er gesammelt bleibt und an der Hand des Helfers. Wenn er auch das erinnert, was lange ausgeklammert war, wie wenn sich endlich fügt, was auch dazugehört. So wartet er und schaut, bis er es alles weiß.

Dann aber überkommt ihn das Gefühl, und hinter dem, was vordergründig war, spürt er die Liebe und den Schmerz. Ihm ist, als sei er heimgekommen und schaue auf den Grund, wo es kein Recht mehr gibt und keine Rache. Wo Schicksal wirkt und Demut heilt und Ohnmacht Frieden stiftet. Sein Helfer hält ihn bei der Hand, dass er sich sicher fühle. Er atmet tief und lässt dann los. So fließt es ab, was sich so lange angestaut, und ihm wird leicht und warm.

Als es vorbei ist, schaut ihn der andere an und sagt: „Vielleicht hast damals du dir etwas aufgebürdet, was du hier liegen lassen musst, weil dir es nicht gehört noch zugemutet werden darf. Zum Beispiel angemaßte Schuld, als müsstest du bezahlen, was andere genommen haben. Leg es hier ab. Auch das, was sonst dir fremd sein muss: der anderen Krankheit, oder Schicksal, oder Glauben und Gefühl. Auch die Entscheidung, die zu deinem Schaden war, lass sie jetzt hier zurück."

Die Worte tun ihm gut. Er kommt sich vor wie jemand, der schwere Last getragen hat und sie nun niederlegt. Er atmet auf und schüttelt sich. Ihm ist zuerst, als sei er federleicht.

Der Freund beginnt noch mal zu reden: „Vielleicht hast damals du auch etwas abgelegt und aufgegeben, das du behalten musst, weil es zu dir gehört. Zum Beispiel eine Fähigkeit, ein inniges Bedürfnis. Vielleicht auch Unschuld oder Schuld, Erinnerung und Zuversicht. Den Mut zum vollen Dasein, zur dir gemäßen Tat. Nun sammle es wieder ein, und nimm es mit in deine Zukunft."

Auch diesen Worten stimmt er zu. Dann prüft er, was er weggegeben und jetzt sich wieder nehmen muss. Als er es nimmt, fühlt er den Boden unter seinen Füßen und spürt sein eigenes Gewicht.

Dann führt der Freund ihn ein paar Schritte weiter und kommt mit ihm zur Tür im Hintergrund. Sie öffnen sie und finden... das Geheimnis, das versöhnt.

Nun hält es ihn nicht länger an dem alten Ort. Er drängt zum Aufbruch, dankt dem freundlichen Begleiter und macht sich auf den Weg zurück. Zuhause angekommen, braucht er noch Zeit, um sich zurechtzufinden mit der neuen Freiheit und der alten Kraft. Doch heimlich plant er bereits die nächste Reise, diesmal in neues, unbekanntes Land.

★

Manche meinen, dass sie für das Glück, wenn sie es haben, bezahlen müssen. So bezahlen manche, wenn sie aus einer lebensbedrohlichen Gefahr oder von einer Krankheit errettet wurden, mit einer Einschränkung und einem Verzicht, statt es zu nehmen als ein Geschenk. Oder sie betrachten die Errettung wie einen Triumph. Dann sagen sie, zum Beispiel, sie hätten die Krankheit besiegt. Aber das Glück lässt sich das nicht gefallen und zieht sich dann wieder zurück.

Am Ende wohnt das Glück bei denen, die es nehmen als ein unverdientes Geschenk. Das aber ist demütig.

Nun habe ich eigentlich nur von einem Glück geredet, denn das andere erweist sich als Täuschung. Dieses eine Glück dauert. Dazu erzähle ich zum Schluss noch eine Geschichte.

Die Fülle

Ein Junger fragte einen Alten:
„Was unterscheidet dich,
der fast schon war,
von mir,
der ich noch werde?"

Der Alte sagte:
„Ich bin mehr gewesen.

Zwar scheint der junge Tag,
der kommt,
mehr als der alte,
weil der alte vor ihm schon gewesen.
Doch kann auch er,
obwohl er kommt,
nur sein, was er schon war,
und er wird mehr,
je mehr auch er gewesen.

Wie einst der alte,
steigt auch er am Anfang
steil zum Mittag auf,
erreicht noch vor der vollen Hitze den Zenit
und bleibt, so scheint es,
eine Zeit lang auf der Höhe –
bis er,
je länger desto mehr,
als ziehe ihn sein wachsendes Gewicht,
sich tief zum Abend neigt,
und er wird ganz,
wenn er,
so wie der alte,
ganz gewesen.
Doch was schon war,
ist nicht vorbei.
Es bleibt,
weil es gewesen,
wirkt,
obwohl es war,
und wird durch Neues nach ihm
mehr.

Denn wie ein runder Tropfen
aus einer Wolke, die vorüberzog,
taucht, was schon gewesen,
in ein Meer, das bleibt.

Nur was nie etwas werden konnte,
weil wir es nur erträumt,
doch nicht erfahren,
gedacht,
doch nicht getan,

und nur verworfen,
aber nicht als Preis für das, was wir gewählt, bezahlt,
das ist vorbei:
von ihm bleibt nichts.

Der Gott der rechten Zeit
erscheint uns daher wie ein Jüngling,
der vorne eine Locke
und hinten eine Glatze hat.
Von vorne können wir ihn bei der Locke fassen.
Von hinten greifen wir ins Leere."

Der Junge fragte:
„Was muss ich tun,
damit aus mir,
was du schon warst,
noch wird?"

Der Alte sagte:
„Sei!"

Vom Ich zum Wir?
Das Anliegen einer neuen philosophischen Lebenskunst

Wilhelm Schmid

In der Sicht vieler Menschen gibt es allen Grund zur Beunruhigung über ein Phänomen der Gegenwart: die Fragmentierung, ja Auflösung von Gemeinschaft in allen Bereichen und auf allen Ebenen. Ganz deutlich ist dies zum Kennzeichen derjenigen Epoche und Gesellschaft geworden, die man „die Moderne" nennt. Der Befund kann schwerlich bestritten werden; die verschiedensten theoretischen und praktischen Ansätze, darunter auch die Lebenskunst, werden daran gemessen werden, ob sie in der Lage sind, Antworten darauf zu finden.

Lebenskunst meint dabei nicht das leichte, unbekümmerte Leben, sondern die bewusste Lebensführung. Lange Zeit im Verlauf der abendländischen Philosophiegeschichte war die Lebenskunst aufgehoben im Bereich der praktischen Philosophie, die diesen Begriff schon in antiker Zeit prägte: techne tou biou, techne peri bion, ars vitae, ars vivendi. Lediglich die moderne akademische Philosophie des 19. und 20. Jahrhunderts glaubte darauf verzichten zu können, und zwar zu Gunsten von Wissenschaft und Technik, die alle Lebensprobleme zügig zu lösen versprachen, und zu Gunsten übergreifender gesellschaftlicher „Systeme", die eine individuelle Lebensführung überflüssig machen sollten; wozu also noch „Lebenskunst"! Nun aber generieren die Folgen von Wissenschaft und Technik selbst wiederum Lebensprobleme, und die „Systeme" helfen nicht bei der individuellen Bewältigung des Lebens und geben auch keine Antworten auf Lebensfragen. Wie sollte auch sinnvoll darauf zu antworten sein, wenn nicht mit der Wiederentdeckung einer Form von Wissen, die das Lebenwissen ist, und einer Form von Techne, die einst Lebenskunst war und wieder neu werden wird?

Lebenskunst meint die fortwährende Gestaltung des Lebens und des Selbst. Das Leben erscheint dabei als Material, die Kunst als Gestaltungsprozess, die Philosophie als geistige Hilfestellung. Mit der Arbeit der Gestaltung ist hier nicht eine beliebige Verfügung über das Material gemeint und auch nicht unbedingt nur ein aktives Tun, sondern ebenso ein passives Lassen. Nicht alles am Selbst und seinem Leben ist beliebig zu gestalten, vieles ist vielmehr in irgendeiner Weise hinzunehmen, wobei sich jedoch die Frage stellt, welche Haltung dazu einzunehmen ist, denn die ist eine Frage der Wahl. Die Philosophie kann eine Reihe von konkreten Vorschlägen machen, die zur Gestaltung des Lebens dienen können, immer ausgehend von der Frage: Was ist grundlegend für das Leben, welche Möglichkeiten des Umgangs damit gibt es? Die Lebensführung als individuelle Kunst wird jedoch zur Notwendigkeit in einer Zeit, in der es keine Orientierung an vorgegebenen Wahrheiten mehr geben kann. Lebenskunst versucht auf die Herausforderungen der Zeit zu antworten, die man die Moderne, in den letzten beiden Jahrzehnten des 20. Jahrhunderts auch „Postmoderne" nannte. Und sie gliedert sich ein in die möglichen Versuche zu einer Modifikation der Moderne. Zunächst aber gilt es besser zu verstehen, was denn die Grundstrukturen dieser Zeit namens „Moderne" sind. Was ist Moderne, woher kommt sie, wohin geht sie?

Moderne, postmoderne Erlebnisgesellschaft und andere Moderne

Im Zentrum der Moderne, wie sie von den Aufklärern im 18. Jahrhundert konzipiert worden ist, steht der Begriff der Freiheit. Freiheit wird dabei von Anfang an und bis heute in der Hauptsache als „Befreiung" verstanden, also als Freisein von Bindungen. Das Problem der Bindungs- und Beziehungslosigkeit wird freigesetzt von diesem Projekt der Befreiung. In fünffacher Hinsicht ist diese Freiheit in moderner Zeit angestrebt und verwirklicht worden:

1. Religiöse Freiheit, die nicht nur die Wahl der Religion, sondern auch die Zurückweisung jeder Religion zu einer möglichen Haltung macht; wenn aber die Sicherheit und Geborgenheit in Gott mit dem „Tod Gottes" verloren ist, radikalisiert sich die Frage nach dem Menschen und seiner selbst begründeten Haltung. 2. Politische Freiheit, die den Subjekten das Bewusstsein eigener Würde und eigener Rechte verleiht und sie vom Untertanendasein befreit; mit der Befreiung vom Zwangscharakter autoritärer Erlasse stellt sich jedoch die Frage einer Selbstgesetzgebung (Autonomie) aus Freiheit. 3. Freiheit vom Naturzwang, durch die „die Natur" als normative Größe zum Verschwinden gebracht worden ist, während die zur Erforschung von Naturgesetzen eingesetzten Wissenschaften und die zu ihrer Anwendung für selbstgesetzte menschliche Zwecke eingesetzten Techniken selbst zum Problem der Ethik werden. 4. Wirtschaftliche Freiheit, die aus der Freisetzung der zuvor eng an die politische Herrschaft gebundenen und damit stark eingeschränkten wirtschaftlichen Tätigkeit resultiert, zugleich jedoch soziale und schließlich ökologische Folgen

nach sich zieht, deren Bewältigung offenkundig größte Mühe macht. 5. Gesellschaftliche Freiheit, die sich aus der Ablösung vom Gemeinschaftsdenken und der Konstituierung von Gesellschaft als freier Zusammenkunft der Individuen ergibt; nach dem Zusammenbruch alltäglich erfahrbarer Gemeinschaftsformen wie der Groß- und nun auch der Kleinfamilie stellt sich im Verlauf des modernen Prozesses zunehmender Individualisierung jedoch die Frage nach der Wiederherstellbarkeit von Gemeinschaft in aller Schärfe.

Die Postmoderne war, anders als ihr Präfix glauben macht, in keiner Weise ein zeitliches „Nach" der Moderne, sondern deren extreme Beschleunigung und Übersteigerung. Das „Glück", das die Moderne zu erreichen hoffte durch Maximierung der Lust und Eliminierung von Schmerz, ist in dieser Zeit zur Erlebnis- und Eventgesellschaft geworden. Durch die sich überschlagenden technologischen Neuerungen und aufgrund der übersteigerten Zeitkultur entstand zugleich eine Kultur der Krisis, ein Punkt innerhalb der Moderne, an dem die Verhältnisse umschlagen, kenntlich an der neuerlichen, grundlegenden Moderne-Kritik, einer erneuten Vergewisserung über die Idee und die Geschichte der Moderne, einer Bilanzierung der Probleme, die sie mit sich gebracht hat, und all dessen, was sie vergessen, verdrängt, vernachlässigt hat. Insofern steht die Postmoderne im besten Fall für das Reflexivwerden der Moderne auf der Höhe ihrer avancierten Entwicklung. Das allein ist neu an ihr, der Rest ist eine weitere Steigerung der Moderne aus der ihr eigenen Dynamik der Befreiung heraus.

Wünschbar wird angesichts der Probleme der Moderne eine andere Moderne, die auf Errungenschaften der Moderne wie Menschenwürde und Menschenrechte nicht verzichtet, andere Punkte jedoch korrigiert. Andersmodern ist die Mäßigung der ins Maßlose gesteigerten Kultur der Zeit, die Neubestimmung einer Kultur des Raumes, in der Eigenschaften wie Zuverlässigkeit, Beständigkeit, Ruhe und Gelassenheit wieder an Bedeutung gewinnen – keine simple Rückkehr zur Geborgenheit einer prämodernen Kultur der Gemeinschaft, die wenig Freiräume lässt, da die Individuen in Formen und Beziehungen eingebettet sind, die sie nicht selbst gewählt haben und die sie nicht ohne weiteres verlassen können. Grundlegend wäre jedoch ein verändertes Verhältnis zur Freiheit, deren andere, in der Moderne immer unterschlagene Bedeutung nun stärker ins Licht rückt: Es mangelte in der modernen Kultur nicht an Freiheit im Sinne von Befreiung, in der anderen Moderne ist jedoch auch die andere Seite der Freiheit, das Freisein zu Bindungen, die vom Individuum selbst gewählt und festgehalten werden, zu entdecken, und dies in allen genannten Bereichen: religiös, politisch, ökologisch, ökonomisch, sozial. Formen der Freiheit sind auszuarbeiten, um es nicht beim bloßen leeren Zustand des Befreitseins zu belassen. Zugleich sind die modernen Freiheiten gegen antimoderne Bestrebungen zu behaupten, die die Spielräume der Freiheit bedrohen.

Aber das Engagement für Veränderungen und Verbesserungen bedarf in der anderen Moderne nicht mehr des Traums einer künftigen Welt, in der sämtliche Probleme gelöst sein würden. Veränderung ist nicht mehr ein Selbstzweck und muss nicht immer gleich „das Ganze" betreffen. Es fehlt der Glaube, dass alles besser wäre, wenn nur das Ganze verändert und neu sein würde. Das andersmoderne Konzept der skeptischen Veränderung wird von einer aufgeklärten Aufklärung getragen, die nicht überzeugt ist, dass die reine Vernunft dereinst vollkommene Verhältnisse schaffen werde und das moderne Fortschrittsprojekt irgendwann von selbst ins irdische Paradies münden würde, schon gar nicht, dass das „richtige" Bewusstsein der Aufgeklärten über das „falsche" der Anderen triumphieren müsse. Die aufgeklärte Aufklärung verhält sich kritisch gegen sich selbst, ist nicht per se von ihren Segnungen überzeugt, wissend, dass eine Verbesserung selbst wiederum kritikwürdig sein kann. Das gilt auch für den Versuch der Lebenskunst selbst, die als ein Element der anderen Moderne verstanden werden kann und zuallererst die Beziehung des Selbst zu sich selbst betrifft. Gemeinsinn, Gemeinwohl, Gemeinschaft scheinen zwar das Gebot der Stunde zu sein. Aber wenn das vielfältige und hartnäckige Beschwören der Gemeinschaft bisher noch keine entsprechende Wirklichkeit herbeizuführen vermocht hat, ist wohl etwas im Ansatz falsch, ein anderer Ansatzpunkt sollte erprobt werden.

Vom Wir zum Ich: Sorge für sich selbst

In der Tradition der Philosophie wurde dem Umgang mit sich selbst ebensolche Bedeutung zugemessen wie dem Umgang mit Anderen; ja, die Selbstbeziehung wurde als Grundlage für die Beziehung zu Anderen betrachtet. Seit Aspasia und Sokrates steht der Begriff der Selbstsorge, epimeleia heautou hierfür, ein Element der bewussten Lebensführung; daran lässt sich anknüpfen. Die Sorge des Selbst begründet ein ausgezeichnetes Selbstverhältnis – und dabei beginnt sie doch eher mit dem Verlust des Selbstverhältnisses. Die anfängliche, zunächst nur vage Sorge ist eine passive, erlittene, ängstliche Sorge, eine Bangigkeit, deren Unruhe von den Fragen herrührt, die sich von selbst irgendwann stellen: ob das Leben, so wie es gelebt wird, auf dem richtigen Weg ist; ob das Selbst, so wie es erfahren wird, bejahenswert ist; ob die Verhältnisse, die auf das Selbst einwirken, hinnehmbar sind etc. Die ängstliche Sorge aktiviert das Eigeninteresse des Selbst und sorgt für eine erste Selbstaneignung, die darin besteht, sich nicht mehr nur der Bestimmung durch Andere und äußere Verhältnisse zu überlassen. Damit kommt der gesamte Bewusstwerdungsprozess in Gang, der zum aufgeklärten Eigeninteresse und zur aktiven, vom Selbst initiierten, klugen Sorge führt.

Das Werk, auf das die Sorge sich zunächst konzentriert, ist die Kohärenz des Selbst. Die Kohärenz ist das Gefüge, das die vielen Aspekte des Ichs, die nicht mehr von selbst eine Einheit bilden, in einen wechselseitigen Zusammenhang bringt. Sie leistet das, was häufig einer erneuerten, von ihrem Begriff völlig abgekommenen Identität zugeschrieben wird, von der nur noch verlangt wird, das Selbst und sein Leben als „zusammenhängendes Ganzes" zu gestalten. Konsistenz wäre für diesen Zusammenhang ein zu starker Begriff, daher die „Kohärenz", die die Bestandteile des Selbst organisch zusammenhält, sie zusammenwachsen lässt und mit Anderem verbindet, auch wenn sie in sich widersprüchlich und immer in Bewegung sind. Die Kohärenz ist nicht einfach schon gegeben, sie ist ein Konstrukt, sie wird in der Lebenskunst bewusst und reflektiert hergestellt, um das Selbst zum Werk zu machen: Nicht nur in der Arbeit an der Veränderung des Selbst besteht die Selbstgestaltung, sondern, grundlegender noch, in dessen Zusammenfügung. Die Kohärenz sorgt für die Integration des Anderen in jedem

Sinne, arbeitet ständig neu an der Strukturierung des Selbst und ermöglicht ihm auf diese Weise, sich selbst nicht gänzlich zu verlieren. Die Veränderung des Subjekts in der Zeit, seine Zerstreuung im Raum, seine Möglichkeiten über sich hinaus, aber auch seine Gebrochenheit in sich selbst, die vom modernen Subjekt der Identität negiert und vom postmodernen Subjekt der Multiplizität affirmiert worden ist, wird in die Kohärenz aufgenommen, die veränderlich ist und dennoch für die Stabilität und Kontinuität des Subjekts sorgt, indem sie den inneren Zusammenhalt in selbst gesetzten Grenzen bewahrt.

Die Organisation des Wir beginnt im Inneren des Selbst und nicht etwa außerhalb. Alle Aspekte des Phänomens und Problems einer Gemeinschaft finden sich bereits in der Beziehung des Selbst zu sich, insofern auch das „Ich" bereits eine Vielheit ist, die vielleicht der Integration in einer Art von „Wir" bedarf, um überhaupt gelebt werden zu können. Allerdings erweist es sich schon auf dieser mikrokosmischen, molekularen Ebene des Wir als eine offene Frage, wie eine solche Integration möglich ist. Die Herstellung der Kohärenz ist eine Kunst der Disposition, eine Organisation der Wechselwirkung der verschiedenen Elemente, ein Gesellschaftsbau der Gedanken, Gefühle und Verhaltensweisen, kurz: der vielen verschiedenen Stimmen innerhalb des Selbst, die allesamt „Ich" sagen und dabei jeweils die Gesamtheit des Subjekts für sich in Anspruch nehmen. Man kann sich die Kohärenz abgestuft vorstellen zwischen einem sehr klar umgrenzten Kernbereich, dessen Eckpunkte bewusst definiert werden und nicht so ohne weiteres zu modifizieren sind, sodass das Selbst sich hier am stärksten „herauskristallisiert", das Selbst in Form einer Kristallisation, in der sich auch, dem Eigensten des Selbst zugehörig, sein „Charakter" findet; sowie den stufenweise weniger festgefügten, inneren und äußeren Peripherien, in denen eine wachsende Fluktuation möglich ist. Es ist der Kern, der inmitten aller Veränderlichkeit und auch Widersprüchlichkeit eine relative Beständigkeit garantiert, und es sind die Peripherien, die die Osmose mit Anderen und Anderem erleichtern. Die Kohärenz ist Ausdruck der Selbstmächtigkeit des Subjekts, die nicht mit Selbstherrschaft oder „Selbstbeherrschung" verwechselt werden darf; sie ist gleichsam die demokratische Verfassung des Selbst in seinem Inneren wie nach außen hin.

Mit der Kohärenz gibt das Selbst sich selbst Struktur und Form und macht sich und sein Leben zum Kunstwerk; die kunstvolle Gestaltung des Selbst und der Existenz wird vollzogen mit der Gestaltung der inneren Bindungen und Beziehungen. Keineswegs beansprucht die Kohärenz irgendwelche Perfektion des Selbst, sie kann vielmehr eine fragmentarische Kohärenz bleiben, die so unvollendet bleibt, wie das zugehörige Subjekt notorisch unvollkommen ist. Den chaotischen Strom von Ereignissen, Erfahrungen, Begegnungen, Eindrücken immer wieder neu zu strukturieren, zu „sortieren" und in Bezug zu dem, was Selbst war und werden wird, zu setzen, kann in Gesprächen, Geschichten und Erzählungen geschehen, die der Selbstverständigung dienen. In der Erzählung fügt das Selbst sich zusammen, definiert seinen festen Kern und sortiert die Bereiche darum herum. Sich die eigene Geschichte immer wieder neu zu erzählen, sie zu finden und zu erfinden im Gespräch mit Anderen, frühere Erzählungen zu überarbeiten und neu zu interpretieren: Das ist die Vorgehensweise dessen, was man

„Hermeneutik der Existenz" nennen kann. Wenn es an der nötigen Sorge dafür fehlt, kommt es zur Auflösung von Subjekt und Selbst.

Der Wahl des Subjekts obliegen die Eckpunkte seiner Beständigkeit im Inneren, die festzusetzen sind, jedoch auch die Gradabstufungen der Kohärenz nach außen hin im Verhältnis zu Anderen und Anderem, um schließlich ein schönes, bejahenswertes Selbst zu gestalten, barock in seiner Vielfältigkeit anstelle der Einförmigkeit und Schmucklosigkeit einer Identität. Gegenüber dem ängstlich auf sich bedachten Subjekt der Identität führt das Konzept der Kohärenz zu einem sehr viel größeren inneren Reichtum des Selbst, ohne ein bloßes Chaos in sich anzuhäufen. Während das Subjekt der Identität sich auf den immer kleiner werdenden Punkt seines „wahren Ichs" zurückzieht und so den Verlust sämtlicher Beziehungen zu Anderen, zur Welt und schließlich zu sich selbst riskiert, ist das Subjekt der Kohärenz nicht separierbar von dem Netz der Beziehungen, in die hinein es verwoben ist und aus denen heraus es lebt. So wie die interne Kohärenz dafür sorgt, dass im Subjekt selbst verschiedene Stimmen sprechen können, so die externe Kohärenz dafür, dass das Subjekt nach außen hin vielfältig vernetzt sein kann – auf die Gestaltung des inneren Wir folgt die Gestaltung des äußeren Wir.

Vom Ich zum Wir:
Sorge für Andere und die Gesellschaft

Das Zerbrechen von Gemeinschaft geschieht immer dort, wo Individuen Gründe dafür sehen, die entsprechenden Bindungen und Beziehungen aufzulösen, sich von einem

„Wir" zu befreien. Das ist nicht grundsätzlich zu bedauern, denn die Gemeinschaft eines Wir ist fern davon, eine unschuldige Größe zu sein, sie generiert vielmehr regelmäßig Schwierigkeiten, auf die eine Antwort zu finden ist: Unterdrückung, denn das einzelne Ich kann unter dem gemeinsamen Wir zurückgedrängt und zum Verschwinden gebracht werden; und Unterstellung, denn unter der Rede vom Wir kann ein einzelnes Ich verborgen sein, das für sich das Ganze beansprucht und andere zu diesem Zweck nur vereinnahmt. Das sind keineswegs Argumente gegen ein Wir, lediglich Argumente für die große Vorsicht im Umgang damit. Der entscheidende Ansatzpunkt hierfür liegt wohl bei der Ausbildung der Individualität, die dann über sich hinauszuwachsen vermag, jedoch auch in der Lage ist, nicht blind in der Gemeinsamkeit aufzugehen, sondern sie immer neu zu prüfen und zu korrigieren. Ein Wir kann unter modernen Bedingungen nicht mehr ohne weiteres vorausgesetzt werden, sondern muss hergestellt, zumindest wahrgenommen werden, sofern die Notwendigkeit hierzu eingesehen wird. Sowohl die grundlegende Einsicht wie auch die Herstellung kann nur von Individuen geleistet werden, alles kommt auf sie an, um vom Ich zum Wir zu kommen.

Zwar kann man behaupten, der Mensch sei nun mal von Natur aus ein soziales Wesen, aber selbst dann, wenn dies so ist, kann es dennoch negiert, ignoriert und sogar destruiert werden, und was dann? Beschwörungen können daran nichts ändern, denn selbst bei theoretisch guten Begründungen gibt es faktisch für moderne „befreite" Menschen kein Müssen, jedenfalls kein heteronomes, von außen kommendes, diskursiv oder sonstwie vermitteltes, allenfalls ein autonomes, existenzielles aufgrund eigener Einsichten und Erfahrungen. Nichts geht vorbei an der Wahl einzelner Individuen, sei sie explizit oder implizit, aktiv oder passiv, mit der sie selbst, zunächst bezogen auf sich selbst, über das Zustandekommen ihres eigenen „Wir" entscheiden, sodann über das Zustandekommen eines Wir über sich hinaus. Und selbst wenn ein Wir in irgendeiner Weise gegeben ist, ist eine Wahl zu treffen, ob dies auch anerkannt werden soll. „Wir" kann dabei vieles sein: Paar, Familie, Freundeskreis, Haus, soziale Gruppierung, Institution, Firma, Gemeinde, Stadt, Gesellschaft, Kulturzugehörigkeit, Menschheit, Wesenheit.

Es gibt offenkundig eine Polarität von Gemeinsamkeit und Individualität, und wahrscheinlich gibt es nach der verlorenen Gemeinschaft vergangener Zeiten und Ideologien nur einen Weg, Gemeinsamkeit auf neue Weise wieder herzustellen; der grundlegende Ansatz der Philosophie der Lebenskunst wird daran deutlich: anzusetzen nämlich beim Eigeninteresse des Individuums und den Einsichten, zu denen es auf dieser Basis selbst kommen kann. Dies eröffnet die Möglichkeit, den Egoismus konsequent zu Ende zu denken. Zur Abwehr des Egoismus wird seit langem einseitig auf eine Sollensmoral gesetzt – aber es lässt sich beobachten, dass das Ich nackt dasteht, wenn die Sollensmoral wegfällt. Die Philosophie der Lebenskunst versucht, die Fähigkeit des Einzelnen, eigenständige Urteilskraft zu gewinnen, eine eigene Wahl zu treffen und entsprechend zu handeln, zu unterstützen. Die Ausbildung von Sensibilität und Urteilskraft befördert das Entstehen jener Klugheit, auf deren Basis allein eine bewusste Wahl getroffen werden kann.

Wenn die Klugheit beim Eigeninteresse des Individuums ansetzt, dann nicht, um dieses als anthropologische

Konstante zu behaupten, sondern um bis zu jenem Punkt zurückzugehen, der dem ethischen und moralischen Verhalten nach allgemeiner Überzeugung am fernsten zu liegen scheint. Es war das Eigeninteresse, das die Klugheit im Laufe der abendländischen Geschichte dem Egoismus-Verdacht ausgesetzt hat (Durchsetzung des eigenen Vorteils, Streben nach Lustgewinn). Dabei dürften die Erfahrungen der Moderne zur Genüge gezeigt haben, dass jede Abwendung vom Eigeninteresse für eine Ethik und Moral zwar ehrenwert ist, jedoch folgenlos bleibt. Eigeninteresse bedeutet, dass es einem Selbst um sich und sein eigenes Leben geht, und dass es davon ausgehend seine Interessen vertritt. Um der Klugheit willen vermag das Selbst sein Eigeninteresse selbst in ein aufgeklärtes Eigeninteresse zu transformieren, denn es wäre absonderlich, das Eigeninteresse unklug, das heißt unüberlegt und unsensibel zu verfolgen. Die Klugheit besteht dann darin, nicht nur auf sich selbst, sondern auf das gesamte engere und weitere Umfeld zu achten, in dessen Rahmen das Leben gelebt wird; sie ist das Wissen davon und das Gespür dafür, was nicht nur jeweils „für mich", sondern was „im Zusammenhang" gut ist. So führt sie konsequenterweise zu Rücksicht, Umsicht, Vorsicht und Voraussicht, die das aufgeklärte Eigeninteresse charakterisieren.

Der Angewiesenheit auf Andere und die Allgemeinheit trägt das Subjekt der Lebenskunst mit einer Maxime Rechnung, die als Umkehrgebot der Klugheit bezeichnet werden kann: „Berücksichtige das Eigeninteresse Anderer in derselben Weise, wie du das eigene geltend machst." Die Umkehrung der eigenen Perspektive erlaubt, die Perspektiven Anderer ebenso mitzubedenken, wie dies umgekehrt von Anderen auch für das Selbst erwartet wird. Die Umkehrung ist ein Bestandteil der Urteilsbildung und begründet die amoralische Moral der Klugheit, die nicht unbedingt als Moral intendiert ist, jedoch Konsequenzen zeitigt, die einer Moral vergleichbar sind, von der immer dann gesprochen werden kann, wenn ein Selbst sich von der eigenen Perspektive zu lösen vermag, um die Perspektiven Anderer in seinem Denken und Handeln zu berücksichtigen. Das Umkehrgebot nimmt Bezug auf die althergebrachte und in allen Kulturen bekannte, somit wahrhaft universelle Formel der Goldenen Regel. Jedoch nicht aus normativen Gründen wird diese Maxime hier ins Werk gesetzt, sondern aufgrund eigener Einsicht und kluger Selbstverantwortung des Subjekts, das seine Wahl trifft.

Die Sorge für Andere kann sich dann in konzentrischen Kreisen entfalten und wird zur Sorge für die Gesellschaft auf den verschiedensten Ebenen, in zeitlicher und räumlicher Erstreckung, bis hin zum Kosmopolitismus, der die zivile Antwort auf den Prozess der Globalisierung darstellt – auch dies Bestandteil einer bewussten Lebensführung mit Tradition, waren es doch die antiken Philosophen der Lebenskunst, die sich zuallererst „Kosmopoliten" nannten. Die Gestaltung von Gesellschaft geschieht zwischen Individuen, die ihrer Begegnung Formen geben, Umgangsformen, um sie auf unterschiedliche Weise und bei verschiedenen Gelegenheiten, auch im Konfliktfall, zu realisieren, beginnend bei der Begegnung zwischen zweien, sei es zuhause oder im öffentlichen Raum. Gesellschaft geht aus Geselligkeit hervor. Persönlich gewählt und ins Werk gesetzt, werden Umgangsformen zum Ausdruck einer ganzen Citoyenität, die ausschließlich von der Haltung und dem

Verhalten der Individuen abhängig ist, von ihren Gesten und ihrem Stil, um Beziehungen zueinander einzugehen und zu pflegen, statt sich ständig nur voneinander zu „befreien". Durch die Ausarbeitung von Umgangsformen wird der Andere nicht mehr primär als Träger einer Funktion, sondern als Person behandelt, Primat der Person vor der Funktion. Entscheidend für die Wiederherstellung von Gemeinschaft ist die Stärkung des kooperativen Elements in der funktionalen Gesellschaft, und zwar auf der Basis der Einsicht, zu der die Individuen selbst in der Lage sind, der Einsicht nämlich, dass wir innerlich reich im Leben nicht durch uns selbst werden, sondern immer nur durch die Erfahrungen im Umgang mit Anderen. Daher die Sorge für Andere und die Herstellung von Gemeinschaft mit ihnen. Der Grund dafür aber ist die Sorge für uns selbst. Wir müssen uns davon lösen, sie für unverantwortlichen Egoismus zu halten.

Mystik, Wahnsinn und alltägliche Achtsamkeit in Beziehungen

Arnold Mindell

Wäret ihr alle eine einzige Person und nicht über tausend Menschen, dann würde ich mich dir jetzt direkt zuwenden und dich persönlich ansprechen: „Grüezi, wie geht es dir?" Der Wille und das Gefühl sind da, aber mit so vielen Menschen ist das ein bisschen schwierig. Nun, bevor ich also anfange, bitte ich euch, euch kurz mal umzuschauen, ob ihr jemanden seht, den ihr nicht kennt und einfach mal „Grüezi" zu sagen, dann gehe ich weiter. Einfach „Grüß Gott" sagen... Ja, das ist vielleicht das Wichtigste...

Ich weiß, dass es nicht normal ist, in großen Gruppen und vor allem im Rahmen eines Kongresses den Fokus auf euch als Zuhörer und auf eure Beziehungen untereinander zu legen, anstatt auf mich, der ich hier vortrage. Aber auch das ist Teil des Wahnsinns der Normalität und gehört zu dem Thema, über das ich heute reden möchte.

Amy und ich waren vor einigen Tagen im Tofuku-ji Kloster in Kyoto bei einem Zen-Meister zu Besuch, und ich sagte ihm: „Du, ich bin eifersüchtig auf dich. Du bist hier in deinem Kloster, kannst meditieren, hast deine Schüler, und für uns ist es oft so schwierig auf der Weltebene zu sein und zu arbeiten." Er überlegte lange und antwortete dann: „Ja, das kann ich gut verstehen. Doch ich möchte dir sagen, dass auch ich dabei bin, mehr in die Welt zu gehen und Zen in die Welt zu bringen. Was mein Kloster für mich ist und für mich bedeutet, ist und bedeutet für dich die Welt. Die Welt ist dein Kloster."

Diese Worte haben mich sehr berührt, denn dieser Zen-Meister hat mich auf etwas für mich Wichtiges hingewiesen, und zwar darauf, dass er auch ein Teil von mir ist, dass es auch in mir einen Zen-Meister gibt, der tief in mir schlummert, jetzt aber mehr in der Welt sein will und ausdrücken, was in ihm ist. Und ich glaube, das ist auch der Grund dafür, dass mir diese Begegnung eben in den Sinn gekommen ist.

Heute rede ich ein wenig über Beziehungen. Es ist normal, in Beziehungen die Beziehungssignale zu 90 Prozent zu verdrängen. Wir reden miteinander, wir unternehmen etwas miteinander, wir arbeiten miteinander und gleichzeitig verdrängen oder zumindest vernachlässigen wir alle Beziehungssignale, die nicht direkt mit unserem absichtlichen Kontakt zu tun haben. Deshalb gibt es so viele Beziehungsschwierigkeiten, lang andauernde Spannungen und im schlimmsten Fall auch Krieg. Ich glaube, heute kann man nicht mehr über Beziehungen sprechen, ohne auch den Krieg zu erwähnen.

Wenn man Beziehungen betrachtet, und dabei meine ich nicht nur Beziehungen zwischen zwei Menschen, sondern auch Beziehungen zwischen Gruppen und Großgruppen, so kann man feststellen, dass wesentliche menschliche Komponenten, wie z. B. Geschichte und ethnische oder soziale Unterschiede in Beziehungen zum größten Teil vernachlässigt werden. Man vernachlässigt zudem auch die Rangunterschiede, d.h. wer untersteht wem in der Beziehung und wer ist mächtiger als der andere. Das ist einer der Hauptgründe, warum man in Beziehungen so viele Rachegefühle antrifft, denn der unbewusste Gebrauch von Rang ruft Rache hervor.

Gerade kommt mir der Vorfall in Amerika in den Sinn, als Schüler ihre Mitschülerinnen und Mitschüler in der Schule erschossen haben. Das geschah zur selben Zeit, als Clinton öffentlich davon sprach, dass man die Jugendlichen lehren müsse, Spannungen auch ohne Waffen zu lösen, während er gleichzeitig den Befehl gab, den Kosovo anzugreifen. Das ist verrückt – die normale Welt ist verrückt, ohne Zweifel.

Ja, dieser Krieg interessiert mich sehr, doch kehren wir zurück zu den Beziehungen. Amy und ich geben Seminare in den verschiedensten Orten weltweit und dadurch haben wir auch die verschiedensten Leute kennen gelernt, Therapeuten und Helfer allerart. Dabei hat mich immer wieder verwundert, dass sie ihr Können, ihre Werkzeuge nicht in ihren eigenen Beziehungen anwenden. Sie wissen viel über Beziehungen, doch zu Hause setzen sie ihr Wissen und ihre Methoden ganz wenig ein. Und plötzlich stehen sie da und stellen fest, dass sie riesige Familienprobleme haben, was grundsätzlich normal ist; aber seltsam ist, dass sie die Werkzeuge, die sie haben, nicht benutzen, um ihre Konflikte zu lösen. Dieses Phänomen hat mich fasziniert und verwundert zugleich. Das ist ein Rätsel. Das ist wie ein Koan, auf den es keine ausschließliche Antwort gibt. Natürlich ist jede Antwort auf dieses Rätsel eine individuelle Antwort, aber statt das direkt zu beantworten, möchte ich ein wenig über mich reden und über Beziehungsarbeit spre-

chen, und vielleicht kann ich dadurch diesen Koan beantworten.

Ich habe zunächst Quantenphysik studiert, war Physiker
und sehr interessiert an dem Quantenlevel. Dann aber
fing es an mich zu langweilen, denn ich konnte die Quantenphysik nicht in meinem Leben anwenden. Was nützt
das, habe ich mich gefragt, wenn ich weiß, dass wir nach
der Quantentheorie alle eins sind – nun, eins ist ein wenig übertrieben, also fast eins sind –, wenn ich dieses
Wissen im täglichen Leben nicht nutzen kann? Darüber
hinaus habe ich festgestellt, dass praktizierende Physiker zwar einiges über das Quantenlevel wissen, doch
was Beziehungen angeht, sind sie nicht besser als alle
andern. Deshalb habe ich beschlossen, Jungianische Psychologie in Zürich zu studieren. Hierbei habe ich unter
anderem viel über das Tao und über Träume gelernt. Danach habe ich begonnen, mit dem Körper zu arbeiten und
habe dabei entdeckt, dass das, was man im Körper spürt,
die verschiedenen Symptome, sich in den Träumen offenbart und umgekehrt – das, was man träumt, spiegelt
sich im Körper und in dessen Symptomen wider. Ich entwickelte eine Methode, die es mir erlaubte, mit den Symptomen des Körpers zu arbeiten, indem ich die Traum-
welt benutzte, um Körpersymptome zu verstehen und
zu bearbeiten.

Dann kam eine Zeit, in der ich mich fragte, was nutzt
mir die Psychologie, wenn ich in meiner Praxis durch
Traum- und Körperarbeit die Probleme meiner Patienten
lösen kann, diese aber wieder zurückkommen, wenn die
Beziehungskonflikte in der Familie wieder aufbrechen?
Also lernte ich mehr über Beziehungsarbeit, Familien-

dynamik und Kleingruppenprozesse. Aber wieder kam ich an einen Punkt, an dem ich mir die Frage stellte, was nutzt das, wenn ich zum Beispiel in Südafrika mit Menschen arbeite – das war vor der Revolution – oder irgendwo anders, und den Leuten geht es zu Hause ziemlich gut, doch wenn sie wieder auf die Straße gehen, werden sie vielleicht erschossen? Was mache ich, was nutzt das, was tue ich mit meiner privaten Praxis, warum bleibe ich eigentlich in meiner privaten Praxis?

Nun, jeder oder jede hat seinen oder ihren eigenen Entwicklungsweg und für mich hat das nicht mehr gestimmt. Deshalb habe ich mich dazu entschlossen, in die Welt zu gehen und Großgruppenkonflikte zu studieren, um herauszufinden, was ich auf dieser Ebene tun kann. Natürlich habe ich auch damals schon viel darüber gewusst, wie man mit Beziehungen und mit Gruppen arbeiten kann, aber das Seltsame, ja das Verrückte war, dass ich mein Wissen nicht immer angewendet habe. Und da fing ich an zu verstehen, dass ich zwar Werkzeuge, Methoden, Interventionen – also das „Wie" – gelernt hatte, aber nicht gelernt hatte ich das „Wozu", und das war auch der Grund, warum ich mein Können nicht immer anwendete.

Aber bevor ich weiter auf das „Wozu" zu sprechen komme, möchte ich noch etwas über Beziehungsarbeit sprechen und insbesondere über eine für mich ganz wesentliche Methode – die Arbeit mit Signalen und Doppelsignalen in Beziehungen.

Ich möchte euch eben kurz zeigen, was ich damit meine. Nehmen wir einmal meine momentane Beziehung als Vortragender zu euch als Publikum. Die absichtlichen

Signale, die ich euch jetzt gerade sende, drücken meine Absicht aus, euch etwas zu erklären, meine Ideen zu formulieren. Zum Beispiel geht meine Handbewegung mit dieser Absicht einher, sie findet auf einer bewusstseinsnahen Ebene statt. Gleichzeitig sende ich euch aber auch unabsichtliche Signale, also Signale, die mir im Moment bewusstseinsferner sind und von denen ich nicht weiß, was sie ausdrücken. Diese Signale, die wir unabsichtlich senden, nenne ich Doppelsignale. Lasst mich mal sehen, was ich gerade jetzt für Doppelsignale sende: Ich merke, dass ich ein wenig nervös bin, mein Kopf sinkt etwas nach vorn... Das ist ein Doppelsignal. Ich möchte zwar hier sein, aber etwas sinkt nach unten. Ich bitte um euer Verständnis, dass ich einen Moment Zeit in Anspruch nehme, um diesem Doppelsignal zu folgen, denn ich möchte nicht nur über diese Dinge reden, ich möchte sie auch zeigen. *(Mindell verstärkt das Sinken des Kopfes und spürt in die Bewegung hinein.)* Hm..., ich spüre etwas Ruhiges in mir, seltsam – auch etwas Entspanntes. Ich gehe tiefer in dieses Gefühl von Ruhe und Entspanntheit – jetzt merke ich, dass ich auch starke Gefühle habe. Ja, dieses ganze Thema Beziehungs- und Großgruppenarbeit bewegt mich sehr und löst mächtige Gefühle in mir aus. Oh..., mhm..., ich habe eine Grenze dagegen, diese mächtigen Gefühle hier auszudrücken, aber ich merke, dass ich auch diese Gefühle gerne mit euch teilen möchte und nicht nur meine Ideen über dieses Thema. Wenn man wie ich sehr viel mit Großgruppen zu tun gehabt hat, so hat man mit der Zeit auch genug. Weil es so schwierig ist, fragt man sich: Warum kann es nicht einfacher sein? Diese Gefühle hatte ich nicht mitgeteilt. *(Pause)* Ich könnte weinen. Keine Angst, ich tue es nicht. Diese Traurigkeit kommt von all den Spannungen und Schmerzen, die ich gesehen und erlebt habe.

Ja, das ist ein Doppelsignal, und Doppelsignale wirken in Beziehungen, auch wenn sie nicht bewusst eingebracht werden. Um Doppelsignalen zu folgen und diese auszudrücken, dafür muss man irgendwie ein wenig spinnen, denn auf den ersten Blick scheinen Doppelsignale keinen rechten Sinn zu machen. Im Voraus weiß man nie, was hinter einem Doppelsignal verborgen liegt, denn sie sind unbewusst. Nur wenn man sie verstärkt und erforscht, findet man heraus, welche Informationen sie enthalten und was sie ausdrücken wollen. Doppelsignale sind auch in Gruppen wichtig. Zum Beispiel waren wir vor einem Jahr in Dublin, Irland, und haben dort an dem Konflikt zwischen dem Norden und dem Süden gearbeitet. Die Spannung zwischen den beiden Gruppen war sehr stark. Wenn wir mit Großgruppen arbeiten, dann trennen wir die Parteien nicht, sondern lassen den Dialog zwischen ihnen aufkommen. Auch versuchen wir die Menschen nicht zu beruhigen, weil wir festgestellt haben, dass Menschen in Erregungszuständen um so wütender werden, je mehr man versucht, sie zu beruhigen. Wir sagten ihnen also, seid wie ihr wollt, tut, was ihr wollt, wir stellen nur eine Bedingung: keine Waffen, keine Schießerei oder Messerstecherei. Wir waren zusammen in einem großen Raum und die Leute vom Norden haben angefangen, die Leute vom Süden anzuschreien, sie waren sehr wütend. Z.B. schrie eine Person aus dem Norden eine andere aus dem Süden mit den Worten an: „Ich hasse dich, du bist der letzte, du hast meine Mutter umgebracht!" Solche und andere heftige Anschuldigungen flogen durch den Raum. Diese Wut und dieser

Hass waren absichtliche Signale. Doch dazwischen gab es immer wieder ganz kleine Pausen, die nicht so richtig mit den Gefühlen von Wut und Hass zusammenzupassen schienen. Ich habe mich gefragt, was diese kleinen Pausen bedeuten. Sind sie ein Doppelsignal oder drücken sie nur das Luftholen aus? Amy und ich beschlossen, mehr über diese kleinen Pausen herauszufinden und ihnen ein wenig zu folgen, und das hat dem Konflikt geholfen, weil deutlich wurde, dass nicht nur die Wut und der Hass, sondern auch die Pausen und die Ruhe zu der sich gerade ereignenden Konfliktsituation gehörten. Ich möchte jetzt nicht tiefer in deren Bedeutung einsteigen, sondern nur noch einmal betonen, wie wichtig Doppelsignale sind, weil sie Informationsteile enthalten, die für die Beziehung und Situation aufschlussreich sein können. Ich komme später noch einmal auf diesen Gruppenprozess in Irland zurück. Aber bevor ich das tun kann, muss ich euch noch etwas über den Ursprung der Doppelsignale erzählen.

Wie gesagt, beschäftigte mich nach wie vor die Frage, warum ich meinen Doppelsignalen nicht öfter folge und sie in meine Beziehungen einbringe, obwohl ich doch aus meiner beruflichen Erfahrung weiß, wie wichtig sie sind? Was fehlte mir? Und was fehlte meinen Kollegen? Warum bringen sie ihr Wissen nicht auch außerhalb ihrer Praxis ein, nämlich überall dort, wo sie es brauchen können, in ihren Familien und in schwierigen Situationen in all ihren Beziehungen? Also warum nicht? Schließlich habe ich herausgefunden, dass ich meine Werkzeuge im Alltag nicht benutzte, weil mir der spirituelle Hintergrund dafür fehlte. Man kann die wunderbarsten Werkzeuge haben und sehr viel Wissen über Menschen besitzen, eine eigene Praxis haben oder als LehrerIn tätig sein, aber man setzt dieses Wissen nur in bestimmten Bereichen seines Lebens ein. Und so ging es auch mir. An was glaube ich eigentlich, habe ich mich daraufhin gefragt und angefangen, an meinem Glauben zu arbeiten, um das „Wozu" und „Für was" herauszufinden.

Wenn ich nicht weiß, was ich tue und warum ich gewisse Sachen tue, dann gehe ich immer wieder zurück zum Taoismus. Der Taoismus ist für mich sehr wichtig. „Tao te king" ist mein Lieblingsbuch. In diesem Buch steht, dass das Tao, das nicht beschrieben werden kann, der Urgrund ist, das Wichtigste. Das hat mich interessiert, denn das bedeutete für meine Arbeit, dass unter den Doppelsignalen und Signalen noch ganz tief unten das Tao ist, das man nicht nennen kann. Dieses Tao ist wie ein Urgrund, ein Urboden oder Gemeinschaftsboden, ein Urgefühl, das wir Menschen alle haben, über das wir uns aber wenig bewusst sind. Nun wollte ich zu diesem Urgefühl zurückgehen und ihm folgen. Das wollte ich tun. Aber wie macht man das? Das Tao stellte ich mir so vor: Bevor man isst, hat man Hunger, und bevor man weiß, dass man Hunger hat, gibt es ein kleines Magengeräusch. Das ist das Tao, das man nicht nennen kann. Oft fragt man, wer hat das gemacht? Habe ich das gemacht? Nein, das kam aus meinem Magen. Und das ist das Nichtlokale am Tao. Nun, vielleicht ist das nicht das absolut beste Beispiel, aber es ist schwer zu beschreiben, denn es ist wie das Quantenniveau; es ist ganz tief unten und kommt aus diesem Urboden und mit Worten ist es nicht zu fassen. Aber aus diesem Boden wachsen die Signale, wachsen unsere Erfahrungen. Und ihm zu folgen ist ein wagemutiges Unterfangen, denn man weiß nie im Voraus, auf was man sich da einlässt. Und genauso ist es, wenn man einem Doppelsignal folgt, man weiß nie, was geschehen wird. Der Kopf kommt nicht mit, der Verstand weiß noch nichts, und das ist auch der Grund, warum ich meinen Doppelsignalen nicht immer gefolgt bin: Mein Verstand hat sie nicht verstanden. Also musste ich mich mehr vertraut machen mit dem Tao, das man nicht nennen kann, wenn ich meine Doppelsignale öfter in meinen Beziehungen einbringen wollte. Ich musste mein Bewusstsein ein wenig lockern, nicht alles im Voraus verstehen wollen und dem mehr Glauben schenken, was aus diesem Urboden, aus diesem Unbekannten kommen wollte. Irgendwie habe ich damals verstanden, dass wir Menschen wie Kanäle für diesen Urboden sind.

„Aha, dieser Urboden", habe ich zu mir gesagt, „geh zurück zu diesen tiefsten Gefühlen! Wenn es dir gelingt, auf dieses Niveau zu kommen, das löst viele Probleme und auch große Probleme in Konflikten." Aber dann hörte ich eine innere Stimme, die mich fragte: „Ist das nicht gefährlich? Kannst du einfach diesem tiefsten Niveau in dir folgen? Bist du sicher, dass das, was da herauskommt, etwas Gutes ist? Kommt nicht vielleicht etwas Böses heraus?" Und da war ich wieder konfrontiert mit der Frage nach meinem spirituellen Hintergrund: An was glaubte ich tief in mir? Denn die Stimme, die überlegte, ob etwas Gutes oder Böses herauskommen konnte, das war wieder der Verstand, die dualistische Ebene.

Damals habe ich etwas vom Erzbischof Desmond Tutu gelesen. Ein wunderbarer Mensch aus Südafrika. Der sprach über Gott. Diese Geschichte über Gott ging so: Gott hat einmal Südafrika angeschaut und hat sich gefragt: Was habe ich da eigentlich gemacht? Habe ich das Richtige gemacht? Es gibt so viel Böses, all die Rassisten, aber Gott sei Dank gibt es auch viel Gutes, Menschen, die antirassistisch sind. Na, dann hat es sich doch gelohnt, meinte Gott. Diese Geschichte machte mich darauf aufmerksam, dass Gut und Böse christliche, jüdische und islamische Vorstellungen sind. Der Dualismus ist auch wichtig, aber er ist nicht der Urgrund, er ist Teil der Signalebene. Darunter liegt das Tao, das man nicht nennen kann, das weder gut noch böse ist, weil es dort keinen Dualismus gibt. Wenn man diese Urgefühle verdrängt, kommen sie schließlich irgendwie miserabel heraus, denn sie lassen sich nicht wirklich unterdrücken. Sie werden dann zu einer Art Staudamm, der irgendwann durchbricht und dann entstehen Hass und Missverständnisse. Hass und Missverständnisse muss man ernst nehmen, aber gleichzeitig ist auch die Beziehung zu dieser nicht-dualistischen Ebene da, und die muss man auch ernst nehmen. Die Beziehung zu dieser nicht-dualistischen Ebene nenne ich Mystik. Mystiker machen genau das, sie setzen sich zu der nicht-dualistischen Ebene in Beziehung, zu der Ebene, die vor den Gegensätzen liegt. Aber wie folgt man diesen Urgefühlen? Wie kann man etwas folgen, das so tief unten liegt und das so weit entfernt zu sein scheint von unserer alltäglichen Erfahrung?

Ich möchte euch ein Beispiel geben aus unserer Praxis. Amy, vielleicht kannst du mir dabei helfen, ich möchte das gerne zeigen. *(Ruft seine Frau Amy auf die Bühne.)* Ein Paar ist zu uns gekommen, beide berufstätig, sie wollten Amy und mich als Paartherapeuten haben. Sie sagten uns, sie seien beide immer sehr beschäftigt, er ginge seinem Beruf nach und sie ihrem, aber in der Beziehung kamen sie nicht gut miteinander aus, und sie wollten daran arbeiten. „Gut", haben wir gesagt. „Was sollen wir machen?", fragte die Frau. „Wir wissen es noch nicht", sagten wir, „wir wollen dem Tao folgen, also dem folgen, was geschehen will." Die beiden saßen sich gegenüber und sprachen miteinander über ihren Beruf. Sie sagte: „Es geht uns nicht gut, und wir kommen einander einfach nicht näher." Dabei hat sie eine Bewegung mit ihren Schultern gemacht. *(Amy zeigt die Bewegung.)* Das Schulterzucken war ein Doppelsignal. Wir haben die Frau daraufhin gefragt: „Wenn du das verstärken könntest, was liegt hinter dieser Bewegung?" Dann sagte sie: „Ich möchte keine Arme mehr haben. Ohne Arme muss ich nicht mehr handeln, ich will nicht mehr handeln oder irgend etwas tun." Als sie das sagte, hat ihr Partner gelächelt. Also fragten wir ihn: „Du lächelst! Was liegt hinter deinem Lächeln, kannst du das ein wenig verstärken?" Als er das gemacht hatte, sagte er: „Ah, ich finde das alles lustig, und es ist gar nicht so ernst, wie ich es mir vorgestellt hatte." „Nicht mehr handeln" und „das ist alles nicht so ernst", das sind Doppelsignale. Aber wir wollten noch in die tiefere Ebene vordringen, zu dem unbeschreiblichen Tao, den Urgefühlen. Deshalb baten wir die beiden, noch tiefer in die Signale einzusteigen, über sie zu meditieren und wahrzunehmen, was geschieht. Nach einer Weile sagte die Frau: „Ich spüre eine Stille, ich bin wie losgelöst, weit weg auf einem hohen Berg sitzend. Ich konnte einfach sein." Und der Mann sagte: „Ja, da ist jemand, der wirklich losgelöst ist und überhaupt..." Er lachte und entspannte sich gleichzeitig. Sie auf ihrem stillen Berg und er jetzt völlig losgelöst, auf diese Weise haben sie sich wieder gefunden. Es gab grundsätzlich keine Gegensätze. Tiefer unten im unbeschreiblichen Tao, da gab es eine mystische Beziehung. Beide waren völlig überrascht.

Man kann also den Doppelsignalen folgen und dann noch weitergehen bis zum Ursprung der Doppelsignale, und dort liegt das Tao, das man nicht nennen kann. Es braucht Meditation und ein wenig Konzentration, um das zu tun, aber das ist der kürzeste Weg, den gemeinsamen Boden zu erreichen. Gewöhnlich ist man im Konflikt mit seinen eigenen Gefühlen. Man hat Mühe, seine eigene Diversität zu akzeptieren, genauso wie man Mühe hat, die Diversität des anderen zu akzeptieren. Diese Verschiedenheit und der damit einhergehende Konflikt finden sich in den absichtlichen Signalen und in den Doppelsignalen wieder. Wenn man für einen Moment bedenkt, wie anstrengend es ist, ständig mit sich selbst in Konflikt zu sein, so wird deutlich, wie gut es uns tun würde, von Zeit zu Zeit unseren Urboden zu spüren, und wie sehr die Integration der nicht-dualistischen Ebene in unsere Beziehungen unser Dasein bereichern würde.

Ich möchte noch ein bisschen über das Tao sprechen, das man nicht nennen kann. Stellt euch ein baumähnliches Gebilde vor. Unten bei den Wurzeln ist das Tao, das man nicht nennen kann, in der Mitte ist der Stamm, dort finden sich das Traumland und die Doppelsignale, und oben bei der Krone ist die Realitätsebene mit ihren absichtlichen Signalen. Für uns ist es fremd und ungewohnt, zu den Wurzeln zurückzukehren und Bewusstsein für diese tiefste Ebene unseres Seins zu haben. Aber es gibt Völker, für die das nicht fremd ist. Im Gegenteil, verschiedene Völker, wie z.B. die Ureinwohner von Australien, leben noch in den Träumen. Sie sagen, dass das Träumen dort unten ist, und sie spüren das. Deshalb ist es für uns westlich orientierte Menschen schwierig, mit diesen Leuten Konflikte auszutragen, denn sie wollen nicht ins dualistische Niveau kommen. Heute machen sie es mehr als früher, und Gott sei gedankt dafür, denn nun können sie sich auch besser schützen. Für uns westliche Menschen ist diese nicht-dualistische Ebene, auf der es fast keine Gegensätze mehr gibt, etwas absolut Verrücktes, für andere Kulturen ist es die Normalität und wichtiger Bestandteil ihrer Existenz. Wir arbeiten auch mit Indianern in Amerika. Deren tiefster Glauben bezüglich ihrer Streitkultur ist der, dass wir nicht immer alles verstehen, was zwischen uns liegt, aber dass wir uns trotzdem darantrauen sollten.

In Australien hatten wir einmal die Gelegenheit, an einer Konfliktarbeit unter Ureinwohnern teilzunehmen. Das ging so. Die zwei Streitenden kamen zusammen. Der eine sagte: „Wir haben einen Konflikt." Der andere bestätigte: „Ja, das haben wir." Der Erste unterstrich: „Einen großen Konflikt!" „Ja, einen sehr großen Konflikt", bestätigte der andere wieder. Daraufhin sagten sie nichts mehr, sondern machten ein Feuer in der Mitte. Dann stellten sie sich beide davor und schauten still ins Feuer. Nach einer Weile, als ob jemand ein Zeichen gegeben hätte, schauten sie sich wieder an, nickten beide, sagten: „Gut" und gingen auseinander. Da habe ich sie gefragt: „Hey, was habt ihr eigentlich gemacht?" Der eine antwortete mir: „Ich weiß nicht, aber jetzt ist es besser." Das ist ein wunderbares Beispiel dafür, wie diese Menschen mit dieser tiefsten Ebene in Kontakt sind und wie sie damit umgehen können. Für Amy und mich war das, was sich da abgespielt hat, Mystik, aber für sie ist es Kultur, etwas Selbstverständliches und etwas ganz Mächtiges.

Es geht dabei um denselben Kontakt, der John Bells Theorie zugrunde liegt. In dem so genannten EPR-Experiment (Einstein-Podolsky-Rosen) geht es vereinfacht gesagt um zwei kreiselnde Elektronen. Das EPR-Experiment veranschaulicht auf eine verblüffende Weise, wie das ist, wenn ein Quantenphänomen mit unserer tiefsten Intuition der Wirklichkeit zusammenprallt. Stellt euch vor, es gäbe eine Glühlampe zwischen Basel und Portland Oregon, wo wir herkommen. Diese Glühlampe, sagen wir mal, läge genau dazwischen, im Atlantik. Aus dieser Glühlampe kommen nun zwei gleiche Photonen, eins geht nach rechts nach Portland und sein Zwillingsbruder nach links nach Basel. Beide besitzen einen Hut. Und nun kommt der springende Punkt: Wenn der eine in Portland seinen Hut aufsetzt, legt der andere gleichzeitig seinen ab und umgekehrt. Die beiden Photone sind miteinander über Zeit und Raum verbunden bzw. der Spin zwischen diesen Partikeln. Diese Entdeckung war Epoche machend und setzte Einsteins Theorie einen vernichtenden Schlag zu. Dieser verneinte nämlich diese Nichtlokalität. Doch wenn diese Partikel über Zeit und Raum miteinander verbunden sind, so beweist das, dass es Lokalität nicht gibt. Dieses Phänomen ist in seiner Natur nicht wirklich genau erklärbar, aber es macht deutlich, dass wir alle derselben Materie oder demselben Geist, gleich wie man das nennen will, entstammen, dass wir genauso wie diese Photonen aus der Glühlampe, aus dem Urknall ausgestrahlt worden sind. Laut der theoretischen Physik sind wir alle miteinander verbunden, und das, was die Ureinwohner Australiens seit Urzeiten tun, ist das, was die Physiker erst heute langsam entdecken.

Aber jetzt habe ich genug von Theorien gesprochen, lasst uns das Gesagte anhand einer Inneren Arbeit selbst erfahren.

Nimm eine gemütliche Stellung ein. Nun denke an jemanden, mit dem du eine Spannung oder einen Konflikt hattest oder noch hast. Versuche dir vorzustellen, du wärst auf einem Berg und ihr zwei seid unten im Tal in dieser Situation der Spannung, während du das Ganze von dem Berg herab beobachten kannst.

Stell dir jetzt vor, dass die Natur Diversitäten liebt, und ihr beide seid verschieden. Versuche dein Herz zu öffnen, es so groß zu machen, dass euer beider Verschiedenheit darin Platz hat.

Frage dich, welche Rollen sind hier im Konflikt oder in Spannung zueinander: Ist es ein Konflikt zwischen Mann und Frau, Chef und Angestellter...?

Stelle Dir dann vor, dass diese Rollen zwei Seiten derselben Natur sind. Und jetzt gebrauche deine Intuition, um herauszufinden, was der gemeinsame Boden dieser Verschiedenheit ist, was euch verbindet – arbeite nicht, lass die Antwort einfach in dir entstehen.

Und dann nimm noch einmal eure Verschiedenheit wahr und mach dir bewusst, dass beide Ebenen – die Rollenebene und das Tao – gleich wichtig sind.

Vielleicht möchtest du deine Einsichten kurz aufschreiben, um sie nicht wieder zu vergessen.

Die Art und Weise, wie ihr eure Einsicht in die Beziehung einbringt, ist sehr wichtig, aber es ist mir auch bewusst, dass damit nicht alle Probleme gelöst sind. Es ging mir jetzt nur darum, euch diese Erfahrung machen zu lassen.

Ich habe jetzt viel über die Bedeutung von Signalen, Doppelsignalen, von Physik und Psychologie gesprochen, aber einen ganz wesentlichen Aspekt habe ich noch nicht genug erläutert: die Rangdynamik in Beziehungen. Die Beziehungssignale werden sehr stark durch die Rangunterschiede, die zwischen uns Menschen vorhanden sind, geprägt und beeinflusst. Nehmen wir z. B. ein Kind im Gymnasium in Amerika. Einige Kinder sind eher athletisch, und weil Sportlichkeit in Amerika einen hohen gesellschaftlichen Wert hat, haben die Kinder mit einem muskulösen Körperbau einen höheren Rang als die Kinder, die keinen so athletischen Körper haben. Nun ist es so, dass diejenigen, die einen hohen Rang haben, dies als selbstverständlich hinnehmen und sich dessen wenig bewusst sind. Die Kinder mit dem niedrigeren Rang fühlen sich weniger wert und ausgeschlossen. Das löst Rachegefühle bei ihnen gegen die ranghöheren Kinder aus, aus denen Konflikte und in letzter Konsequenz Krieg entstehen kann. Auf der sozialen Ebene gibt es mächtige Unterschiede zwischen uns Menschen, und wenn wir Beziehungskonflikte verstehen wollen, dann müssen wir diese Rangunterschiede berücksichtigen. Ich möchte kurz einige Faktoren aufführen, die Rangunterschieden zugrunde liegen.

Das Geschlecht spielt eine große Rolle; ob man Frau oder Mann ist. In unserer Kultur haben Männer immer noch einen höheren Rang als Frauen.

Die Rasse genauso; die ethnische Zugehörigkeit oder Nationalität sorgt für Ungleichheiten. Ihr kennt vielleicht die Erfahrung, ein Restaurant zu betreten und sofort einen Gast zu erkennen, der erst kürzlich aus einem anderen Land immigrierte, auch wenn er äußerlich nicht auffallend anders aussieht. Das können ganz subtile, kleine Signale sein, ein unsicheres Verhalten zum Beispiel oder ein fast unmerkliches Zittern.

Auch sexuelle Orientierung spielt eine Rolle; also ob man schwul oder heterosexuell ist. Das hat große Auswirkungen auf unsere Signale und darauf, ob wir uns in gewissen Situationen zu Hause fühlen oder nicht.

Die Hautfarbe; wie hell oder dunkel man ist.

Der Gesundheitszustand, ein Mensch mit einem gesunden Körper hat einen höheren Rang als ein Mensch mit einem kranken Körper.

Die Erziehung, Bildung und Schulabschlüsse führen zu einem höheren Rang.

Aber Ränge werden nicht nur durch soziale Bedingtheiten definiert, sondern auch durch psychologische und spirituelle.

Der psychologische Rang ist nicht zu unterschätzen. Wenn man viel an sich selbst gearbeitet hat, dann fühlt man sich zentrierter, psychisch stabiler als andere. Und mit der Zeit fängt man an, seinen Partner/seine Partnerin nicht mehr zu verstehen, man ist psychisch zentrierter, vergisst die Zeiten, in denen man selbst labil war und denkt, warum spinnt er/sie immer wieder? Oder: Warum ist er/sie stets so nervös? Langsam müsste er/sie das doch im Griff haben! Aus solchen Haltungen entstehen Spannungen, denn der Partner/die Partnerin spüren den psychologischen Rangunterschied, sie nehmen die Beziehungssignale auf und fühlen sich minderwertig in der Beziehung.

Ähnlich verhält es sich mit dem spirituellen Rang. Die so genannten geistigen Meister sind oft so sehr in ihrer Spiritualität zu Hause, sie sind so losgelöst von den täglichen Angelegenheiten, dass sie auf ihre Schüler, die darin verwickelt sind, hinabschauen. „Ach, diese Person ist ein solches Durcheinander!" Sie sprechen das nicht offen aus und meistens ist ihnen diese Haltung gar nicht bewusst, aber die Schüler spüren das und fühlen sich irgendwie falsch. Spiritueller Rang ist ein wichtiger Faktor, denn er kann auch einem Menschen mit niedrigem sozialem Rang enorme Macht verleihen. Erinnert euch nur mal an Jeanne d'Arc, die Jungfrau von Orleans. Sie kam aus ganz armen Verhältnissen. Mit 13 Jahren hörte sie eine innere Stimme, die Stimme des Heiligen Michael, die sie dazu aufrief, an der Spitze des französischen Männerheers gegen die Engländer in den Kampf zu ziehen. Diese innere Stimme verlieh ihr einen solchen spirituellen Rang und eine solche Kraft, dass sie als junge Frau im 15. Jahrhundert, zu einer Zeit, als die Frauen eine sehr niedrige soziale Stellung hatten, als anerkannte Führerin des französischen Heers zu Ruhm gelangte. Dieses Beispiel zeigt deutlich, dass mit dem sozialen Rang nicht alles gesagt ist. Die Beziehung zu etwas Göttlichem kann einem unglaubliche Kraft und Macht verleihen. Und das ist es auch, was die Rangunterschiede in Beziehungen so komplex macht – wir alle haben in dem einen oder anderen Bereich einen höheren Rang als unser Gegenüber, und deshalb entstehen unter anderem so viele Missverständnisse und Verletzungen, weil wir nicht gelernt haben, unseren Rang richtig einzusetzen.

Unbewusstheit über den eigenen Rang in Beziehungen fügt anderen Schmerz zu, der sich eines Tages in Rache verwandelt und gegen uns gerichtet wird. Viele Konflikte in der Geschichte, die über Jahrhunderte nicht zur Ruhe gekommen sind, haben mit dieser Rang-Rache-Dynamik zu tun. Um diese Dynamik zu bearbeiten, ist es notwendig, Bewusstsein zu haben über unseren gemeinsamen Urboden. Wenn wir ausschließlich auf der dualistischen Ebene leben, dann sind wir nicht in der Lage, diese Rangunterschiede zu prozessieren. Wir können das nur mit dem Wissen um den tieferen Urboden und indem wir den Zugang finden zu den damit verbundenen Gefühlen.

Ich möchte noch mal kurz auf unsere Innere Arbeit zurückkommen und euch anregen, euch selbst zu fragen, was euch dazu veranlasst hat, an dem Beziehungskonflikt zu arbeiten, den ihr euch ausgewählt habt? Dann möchte ich euch fragen, habt ihr schon früher versucht, auf der tieferen Ebene, der Traumebene, an dem Konflikt zu arbeiten? Wenn nicht, warum nicht? Warum habt ihr eure Doppelsignale nicht in die Beziehungsarbeit eingebracht? Warum habt Ihr eure veränderten Bewusstseinszustände nicht in die Beziehung eingebracht? Vielleicht geht es euch jetzt so ähnlich wie es mir ging. Es ist so normal in unserer Kultur, alle Beziehungssignale zu verdrängen, die nicht mit unserem absichtlichen Kontakt übereinstimmen, dass sogar diese Fragen erst einmal fremd erscheinen. Es gibt keine Sangha, keine Gemeinschaft in unserer Kultur, die für diese Wahrnehmung in Beziehungen unterstützend ist. Man erwartet das nicht, ja, es ist wirkt sogar seltsam, wenn wir es tun. Es ist irgendwie nicht normal. Obwohl es eigentlich ziemlich einfach wäre.

Lasst uns jetzt zurück zu der Konfliktsituation in Irland gehen und sehen, wie der Gruppenprozess weitergegangen ist, als wir die tiefe Arbeit mit den Doppelsignalen eingebracht haben. Stellt euch dieses Bild vor, wir sind da inmitten von ca. 300 Leuten und da ist dieser Mann vom Norden, der zu dem vom Süden sagt: „Du hast meine Mutter und meinen Vater umgebracht!" Und der vom Süden kontert: „Nein, du hast meinen Onkel und meine Kinder umgebracht!" Die haben sich so heftig angeschrien, dass es Amy und mir ganz bange wurde. Wir erleben oft solche mächtigen Auseinandersetzungen, aber gerade diese Stimmung da in Irland war einfach wild.

Und sicherlich kennt ihr das auch, dass man inmitten solcher spannungsgeladenen Konflikte ein wenig sein Bewusstsein verliert, als ob einem der Boden unter den Füßen schwindet. Mir jedenfalls ging es so, und ich fing an, wie die meisten Menschen in solchen unmöglichen Situationen, dualistisch zu denken: „Also, die da sind nicht richtig, die sollten das nicht tun." Dabei verliert man das Mitgefühl für ihre Situation, das Verständnis für ihre Geschichte und für ihr Herkunftsland. Kurz gesagt, man verliert die Übersicht über die Situation, und ich bin wie geistig weggetreten. Als mir das bewusst wurde, wachte ich wieder auf. Es wurde mir gewahr, dass Amy und ich hier inmitten von Leuten sind, die kurz davor stehen, sich erneut zu bekriegen und dass wir etwas zur Situation beitragen müssen. Ich versuchte deshalb den tieferen Urboden zu finden und ihn zu spüren. Ich fragte mich dazu: Ist das nicht auch richtig, dass es diese Verschiedenheit gibt? Kann ich diese Menschen nicht auch als wichtige Teile der Natur sehen, die versuchen, sich gegenseitig kennen zu lernen? Das half. Es öffnete sich etwas, und ich habe ein Doppelsignal wahrgenommen, das mir zuvor entgangen war. Der Mann von Süden hatte auf seinem Hals einen riesigen roten Fleck. Zuerst dachte ich, ich sei verrückt und wunderte mich, warum mich dieser rote Fleck so anzog. Aber dann realisierte ich, dass es ein Doppelsignal sein musste. Und deshalb versuchte ich, ihn mit diesem Fleck in Kontakt zu bringen. Ich sagte: „Du hast einen roten Fleck auf deinem Hals." Aber der Mann nahm keine Notiz von mir. Sie waren immer noch dabei, sich gegenseitig heftig anzuschreien. Ich wurde lauter: „Da ist ein roter Fleck auf deinem Hals!" Diesmal hörte er mich, denn er wendete sich um und machte ganz große Augen. Das verriet mir, dass ich auf etwas Wichtiges gestoßen war. Der Mann sagte, er hatte vor drei Wochen einen Herzanfall erlitten und er glaube, dass dieser rote Fleck damit in Zusammenhang stehe. Sein Gegner, der das alles mitgehört hatte, sagte darauf: „Du hattest einen Herzanfall, aber ich habe solchen hohen Blutdruck, dass der Arzt mich gewarnt hat, wenn ich weiter so herumschreie, dann könnte das tödlich für mich enden." Inmitten dieser Ernsthaftigkeit ist plötzlich auch etwas seltsam Lustiges aufgetaucht. Ich sagte ihnen: „Wenn ihr nicht aufhört, euch so zu verhalten, dann werdet ihr sterben, bevor ihr den anderen umbringen könnt." Irgendetwas haben sie in dem Moment aufgenommen, ob es meine Worte waren oder etwas anderes, kann ich nicht mit Gewissheit sagen, aber nun sahen sie einander an. Im Raum wurde es ganz still. Der Mann aus dem Süden, der ein Holzbein hatte, war für seine Verhältnisse zu lange gestanden und versuchte nun zu sitzen. Doch der Stuhl schien für diese Art von Behinderung nicht geeignet zu sein. So stand er schließlich wieder auf und bot dem Gegner seinen Stuhl an. Er legte dann sogar seinen Arm um ihn. Das war ein sehr berührender Moment, der uns alle überraschte. Indem sie auf irgendeine Weise tiefer in ihre Signale hineingingen, sind sie wahrscheinlich auf einen gemeinsamen Boden gestoßen und haben dort einen gemeinsamen Nenner gefunden, nämlich den Tod. In der Tat, sie standen ja beide vor dem Tod.

Ich habe ihn nicht gefragt, was ihn dazu bewogen hat, seine Seite loszulassen und auf die andere Seite zu gehen. Auch kann ich nicht mit Gewissheit sagen, ob es doch nicht vielleicht mit diesem historischen Prozess Irlands zu tun hatte, der bereits in Richtung Annäherung und Friedensabkommen ging. Oder ob es einfach an der globalen Situation lag. Nun, wie dem auch sei, eines steht fest, sie haben sich umarmt, obschon sie sich kurz davor noch hassten. Die Spannung war nun vollends gelöst.

Dieser Fall ist ein Beispiel dafür, dass auch in den ausweglosesten Konflikten ein gemeinsamer Boden zu finden ist. Um ihn zu finden, muss man an seiner Wahrnehmung arbeiten und meditieren können. Aber es ist machbar. Und zudem gibt es wieder Hoffnung, auch wenn es nicht immer auf Anhieb klappt. Wenn man anfängt, das Tao zu verstehen, hat man mit der Zeit das Gefühl, ein Mystiker zu werden. Man bekommt einen neuen Blickwinkel auf die Menschen und die Beziehungen zwischen Menschen. Wir sind wie Marionetten, ein Puppenspiel der Natur. Die Natur spielt mit uns.

Wie ich schon zu Beginn sagte, glaube ich, dass man heute nicht mehr über Beziehungen reden kann, ohne den Krieg zu erwähnen. Für uns ist es normal zu denken, dass es unsere Politiker sind, die Kriege führen, nicht wir. Und genauso normal ist es für uns zu denken, dass sie verrückt sein müssen. Aber eigentlich ist das eine Projektion. Das, was wir über unsere Politikerinnen und Politiker sagen und denken, kann stimmen, muss aber nicht stimmen. Ohne Zweifel hat es immer einen Kern Wahrheit darin. Doch darüber hinaus sagt unser Verhalten in Beziehungen viel darüber aus, wie wir uns selbst regieren, wie wir unser Leben führen, wie wir unsere eigene Diversität vernachlässigen, wie demokratisch wir all unseren verschiedenen Eigenschaften und Bedürfnissen gegenüberstehen. Und das ist verrückt. Diese heute übliche Regierungsart, die Art, wie wir uns selbst regieren, ist ungenügend. Sie ist nicht dazu geeignet, die Konflikte, mit denen wir uns auseinander setzen müssen, zu lösen.

Ich bin sicher, dass ihr genauso wie ich immer wieder darüber nachdenkt, was ihr tun könnt, damit es weniger Krieg gibt in dieser Welt. Und sicherlich hat da jeder und jede von euch seine/ihre eigenen Antworten und Lösungsvorschläge, und ich bin sehr dafür, dass ihr diese in die Welt bringt, denn wir brauchen sie. Für mich persönlich aber steht fest: Wenn wir Menschen aufhören würden, uns weiterhin selbst so zu regieren, wie es heute allgemein üblich ist, wenn wir den Mut hätten, ein bisschen verrückt zu sein und unsere Doppelsignale in unsere Beziehungen einbringen und ihnen folgen würden bis zu dem mystischen Urboden, den Urgefühlen, die wir alle miteinander teilen, dann würde sich sehr schnell etwas ändern. Und das kann man lernen, im Kindergartenalter oder in der Hochschule, das ist nie zu spät. Wenn nur eine Person von hundert das machen würde, so wäre damit viel Krach in der Welt gelöst. Ich möchte nicht, dass sich alle Menschen ändern, das wäre wahrlich zu langweilig, und jeder würde aussehen wie der andere. Nein, das ist ganz bestimmt nicht meine Absicht. Aber hin und wieder ein Mystiker sein, das könnten wir schon gut gebrauchen.

Das ist es. Ich danke euch.

Verdammt ich lieb' dich, ich lieb' dich nicht ...

Jirina Prekop

Dieses Lied wurde zum Hit und machte seinen Sänger Matthias Reim zum Star. Kaum ein anderes Lied drückt besser die Tragik der ambivalenten Schwebe aus, in welche die Liebesfähigkeit des heutigen Menschen geraten ist. Als Wahrzeichen des gegenwärtigen Zeitgeistes wählte ich dieses Lied zur Einstimmung in das Thema meines Vortrages aus. Ich betrete die Bühne, lege auf den Overheadprojektor eine Folie mit zwei Worten „weder – noch", die die Ambivalenz ausdrücken und lasse das Lied erklingen: „Verdammt ich lieb' dich, ich lieb' dich nicht... verdammt ich will dich, ich will dich nicht...". Eine Aufheiterung im Saal. Ich spüre eine mitschwingende Welle des Verständnisses zwischen den Zuhörern und mir. Der Vortrag kann beginnen.

Ja, die Unverbindlichkeit befällt immer mehr Bereiche, in denen die zwischenmenschlichen Beziehungen wirksam sein sollen. Verschont davon ist im Gegensatz dazu nur die materielle, in hohe Technik sich zuspitzende Welt mit ihren Atomreaktoren, Banken, Börsen, Flugverbindungen, Regeln des Straßenverkehrs und Operationstechniken. Hier steigt im Interesse der Sicherheit und Funktionstüchtigkeit der Anspruch auf totale Genauigkeit und Zuverlässigkeit immer mehr. Je konkreter das Materielle prüfbar und auf Schäden berechenbar ist, je kostspieliger die Folge, um so mehr wird die Zuverlässigkeit gefragt. So kann man sich im geschäftlichen Bereich das unverbindliche Handeln nur eingeschränkt erlauben. Die roten Zahlen auf dem Konto belehren den Kaufmann eines Besseren.

Je ideeller der Bereich, je weniger genau messbar und kontrollierbar, um so leichter und leichtsinniger gestattet sich der Mensch sein unverbindliches Handeln. Er merkt nicht rechtzeitig, welcher Schaden seinem tiefsten menschlichen Bedürfnis entsteht, da dieser Schaden sich zunächst im Unsichtbaren ereignet. Dafür aber zahlt der Mensch einen hohen Preis. Es kostet ihn nämlich die Liebe, das Kostbarste, wonach er sich sehnt. Nach einer der jüngsten Umfragen sehnen sich 90 Prozent der Deutschen zwischen dem 20. und dem 40. Lebensjahr nach einer großen Liebe für das ganze Leben. Also weiß die Seele des Menschen trotz aller ideologischen Labyrinthe immer noch, was sie braucht. In den meisten Fällen bricht dennoch dieser innige Wunsch zusammen.

Hierzu einige Bruchstellen:

... obwohl sich die beiden bei der Trauung versprochen haben, „in guten und in schlechten Zeiten" zusammenzuhalten, gehen sie beim ersten Zeichen einer unangenehmen Veränderung voneinander weg...

... in der Realität gilt nicht mehr der Grundsatz einer vorbehaltlosen Liebe („ich liebe dich auch dann, wenn du anders bist, als ich mir wünsche"), sondern das egozentrische Bestehen darauf, dass du sein musst, wie es mir gefällt, sonst könnte ich mit dir nicht zusammenleben...

... so beginnt jede 5. Ehe mit der Geburt des 1. Kindes zu wackeln, sobald die hedonistische Vorstellung einer sanften Geburt, eines bei der Entbindung tüchtig helfenden Ehemannes und eines süßen Kindes scheitert...

... in fast der Hälfte der geschiedenen Familien verliert ein Kind ein Elternteil, meist den Vater, an der Schwelle zwischen seinem 1. und 2. Lebensjahr... ... im Schnitt scheidet jede 3. Ehe, in Ballungszentren sogar jede 2. Ehe...

... in Erwartung der scheiternden Ehe schließt man lieber gleich bei der Trauung einen Vertrag über Gütertrennung... ... noch bequemere Lösung: man heiratet gar nicht...

... so sind z. B. in München 60 Prozent der Bewohner „Singles"...

... viele Menschen berühren häufiger die Maus am Computer, als dass sie den eigenen Ehepartner und die eigenen Kinder streicheln. Sie bevorzugen die virtuelle, leicht löschbare Welt gegenüber der Auseinandersetzung mit der Wirklichkeit...

... die Zahl der alleinstehenden Mütter nimmt rapide zu...

... die Unruhe, Hyperaktivität, Aggressivität und Kriminalität der Kinder und Jugendlichen eskaliert...

... allmählich wächst das Bewusstsein für die erzieherische Notwendigkeit der Grenzen; den Eltern sowie den Professionellen ist jedoch häufig unklar, was geschehen darf und soll. Nie zuvor neigten junge Eltern zum Verschwimmen der Grenze zwischen dem „Ja" und dem „Nein" wie heute. Das „Wischiwaschi" lässt nicht zu, dass sich die Kinder auf voraussagbare Eltern verlassen und sich demzufolge geborgen wissen. Dies macht die Kinder nervös und wütend. Es treibt sie zu brutalen Angriffen gegen die nächste Umwelt, um sich auf ihre entsetzte Reaktion sicher verlassen zu können...

... Menschen gewöhnen sich daran, sich nicht einzumischen, lieber ganz wegzuschauen, wenn auf der Straße jemand liegt, und auf „Durchzug" zu schalten, wenn jemand um Hilfe schreit...

... die Gesellschaft war nie zuvor so voller vereinsamter, depressiver, egoistischer Menschen, die ihren Schmerz nach unerfüllter Liebe mit dem Konsum aller Art von Drogen, Alkohol, flüchtigen sexuellen Erlebnissen bis hin zum Internet zu betäuben versuchen. Untergangsstimmung und Aussichtslosigkeit machen sich breit...

... Die Lebenskraft scheint zu schwinden. Als würde sie nur für den Genuss im Jetzt und Hier, nur solange es schön und mühelos ist und Spaß macht, reichen. Diese Einstellung „nur unter bestimmten, für mich wohltuenden Bedingungen" zieht sich vom Kindesalter bis hin zum Erwachsenenalter. Sie verhindert die bedingungslose Hingabe an die Liebesbeziehung wie auch an die Arbeit, die zur Ausfüllung des Berufes, sprich der eigenen Berufung gehört...

Natürlich gibt es immer auch noch positive Kräfte. Es gibt Eltern, Jugendliche und sogar Kinder, die sich mit einem außergewöhnlichem Bewusstsein und Engagement dafür einsetzen, dass das menschliche Gewissen nicht hinter dem technischen Entwicklungstempo zurückbleibt. „Wo die Gefahr ist, wächst das Errettende auch", sagte Hölderlin. Darum geht es ja in dieser Umbruchzeit. Vor allem müsste es sich um die Erneuerung der Liebesfähigkeit handeln, die der Übernahme der Verantwortung zugrunde liegen muss. Wie ich um meine eigene Zukunft besorgt sein sollte, habe ich auch für die Zukunft des Nächsten zu sorgen. Denn, wie ich mich selbst liebe, soll ich auch den Nächsten lieben.

Angesichts der schicksalhaften Herausforderung sollten wir nach dem Kraftwerk der Liebe schauen. Was nützt die Quelle, wenn das Wasser austrocknet, bevor es zu strömen beginnen konnte? Wie entstand der hindernde Damm? Es ist nicht in meinem Sinne, eine Schwarzmalerei zu betreiben, sondern das Kraftwerk zu erneuern, damit die Liebe und somit die Lebensenergie wieder fließen kann.

Was ist das grundlegende, bedingungslose Gesetz, in das sämtliche Energien eingebunden sind? Die Antwort darauf ist seit jeher den meisten philosophischen Richtungen als das dialektische Prinzip der Dualität bekannt. Ich benutze lieber den Begriff „Polarität", weil er dem dynamischen Fluss zwischen den beiden Polen einen besseren Ausdruck verleiht. Diese beiden Pole sind das Kraftwerk für jede Energie. Nach diesem Prinzip dreht sich die Erde zwischen dem Nord- und dem Südpol um ihre eigene Achse, entsteht die Elektrizität zwischen dem negativen und dem positiven Pol, wird von der Verbindung zwischen Mann und Frau ein Kind gezeugt, ereignet sich der Atemrhythmus zwischen dem Aus- und Einatmen, wächst ein Kind von klein zu groß. Alles was wächst, muss dazu die Kraft in der Auseinandersetzung mit Widerständen ausbilden. So bäumt sich auch jede Pflanze gegen die Gravitationskraft der Erde zum Licht hinauf, indem sie den Hindernissen im Inneren des dunklen Bodens und außen an der hellen Luft widersteht. Je mehr Auseinandersetzungen ein Baum zwischen Frost und Hitze, Feuchtigkeit und Dürre, Windböen und Windstille durchsteht, umso trainierter ist seine Widerstandskraft. Die gleiche Bildung seiner Kraft braucht auch der Mensch, um lebenstüchtig zu werden. Erst muss er den Weg der Mühsal über stolprige Wege, schmale Tore, Fehler, Probleme und Krisen einschlagen, um an deren Bewältigung zu wachsen und das Bewusstsein eigener Lebenskraft und eigener Identität zu entfalten. Dies gilt unabdingbar. Denn Chancen ohne Krisen gibt es nicht. Und da die Grundessenz der Lebenskraft bei Menschen die Liebe ist, ohne die die Menschlichkeit nicht gelingen kann, braucht sie, wie jede andere Energie auch, den steten Austausch zwischen dem Ich und dem Du. Unter diesen Begegnungen ereignen sich immer wieder konträre Bedürfnisse und gegensätzliche Gefühle. Was den einen freut, wird dem anderen zum Groll. Indem sie sich konfrontieren, bekommen sie die Chance, sich gegenseitig in die Wut und Trauer hineinzufühlen und in Sorge um die verletzte und gefährdete Liebe sowie in der Sehnsucht nach ihrer Erneuerung sich um diese auch zu bemühen und sich an dem Wiederbeleben des Flusses der Liebe zu erfreuen. Durchgemachte Konflikte machen die Liebe bewusster, zuverlässiger, verbindlicher. Dann bietet die Liebe das feste Fundament für das geborgene Zuhause.

Wie konnte es geschehen, dass die Konfliktfähigeit und somit auch die Liebe immer flacher wurden? Der Beginn geschah in der materiellen Welt, in der sich der Mensch einbildete, er sei aufgrund seines Denkens und technischer Machbarkeit in der Lage, alle Störungen aus dem Wege zu räumen. Er machte sich die Bequemlichkeit, den Wohlstand, den ungestörten Genuss, das „Super" in allem zum Ideal. Im unmittelbaren Anschluss daran wurden durch die hedonistische Wunscheinstellung auch die Bedürfnisse der Seele nach Liebe angesteckt. Der wachsende Individualismus bot dazu den Rahmen. Unter dem Prozess der notwendigen, oft nach außen laut proklamierten Selbstwirklichung lag allmählich mehr Betonung auf dem Ich als dem Du und die Widerstandfähigkeit ging im Verborgenen immer mehr unter. Je nach dem intellektuellen Zweifel, je nach der Ideologie der Erziehung der jeweiligen Generation durfte oder musste man sich den Beziehungskonflikten nicht stellen. Ohne durchgemachte Tiefen gibt es aber auch keine Höhen und die Beziehung gerät in die graue Zone zwischen diesen beiden Polen wie auch das „Wischiwaschi" zwischen dem „Ja" und dem „Nein".

An der Schwelle zur Neuzeit hat der geniale Shakespeare diese kopflastige Art der Unentschiedenheit als tödliche Falle für die Liebe und für das Leben prophetisch angekündigt. Der depressive Prinz Hamlet quält sich in seiner Vereinsamung mit der unbeantworteten Schwebe zwischen dem „soll ich leben – soll ich nicht leben" so lange, bis die ihn liebende Ophelia verrückt wird und Suizid begeht und bis es auch ihn und seine Familie das Leben kostet. Diese tragische Warnung schien in den nächsten Jahrhunderten nach Shakespeare noch übersehbar zu sein.

Im letzten Jahrhundert bekam sie im Zuge der zunehmenden Technokratie und ihrer ideologischen Wandlungen eine brisante Beschleunigung. Bemerkbar machen sich die Veränderungen im Wechsel der psychiatrisch erfassten Syndrome, je nachdem, welcher Erziehungsstil im bestimmten Zeitraum herrschte, welche Folgen es für die Kinder hatte und mit welchem Protest diese Kinder später als Erwachsene darauf reagiert haben, um neue Werte zu setzen. Ich versuche, den Syndromwechsel im Wandel der 4 Zeiträume schematisch zu erfassen, so wie ich ihn als Kind, später als Erwachsene in der Eltern- und Großelterngeneration erlebte und so, wie ich als Kinderpsychologin die Kinder und die Eltern der jeweiligen Generation sah, um sie zu diagnostizieren.

Als junge Psychologin erlebte ich noch einige wenige Fälle der schweren Hysterie mit ihrem Stupor, allerdings jede Menge von hysterischen Ehefrauen und Muttis und noch sehr viele Überangepasste, verklemmte, gehemmte Neurotiker als Folge der schwarzen Pädagogik. Auch hatte ich viel mit den Folgen der technisch gewordenen Art der Entbindung und der nachfolgenden Kinderbetreuung zu tun, die sich in Berührungsängsten und zwangshaften Bindungen an Ersatzbefriedigungen wie Lichtquellen, Geräteschalter oder motorische Selbststimulation bis hin zum Autismus bemerkbar machten. Jedenfalls war es angezeigt, die Kinder für ihre Konfrontationsversuche mit Eltern zu strafen. Sie mussten lernen, mit ihren Ängsten und ihrer Wut ganz alleine fertig zu werden. Diese betroffenen Kinder haben dann in den 68er Jahren im Westen Europas (im Osten war es anders; z. B. in der ehem. Tschechoslowakei wurde der Protest gegen die kommunistische Diktatur geführt) gegen die autoritäre Erziehung und für die Freiheit des Ichs (inkl. „mein Bauch gehört mir") sowie für das Lustprinzip gekämpft. Die Folgen für die Kinder? Von wegen Überanpassung! Ganz im Gegenteil: asoziale, anpassungsunfähige kleine Tyrannen und Prinzessinnen auf der Erbse, die nicht gelernt haben, mit Frustrationen umzugehen und sich anzustrengen, weil alles im Haushalt schon fertig war – von fertigen Barbie-Puppen und Spielfilmen bis hin zum vom Supermarkt geputzten Gemüse. Diese Generation hat ebenfalls nicht gelernt, einen Konflikt mit den Eltern auszutragen, sondern mit Walkman abzuschalten, sich in die eigenen vier Wände zurückzuziehen und hier den Trost bei Fernsehen oder Gameboy zu suchen. Sie sind nicht in Belastbarkeit geübt. Gegen was sollten sie später protestieren? Für was sollten sie kämpfen? „Damit es wieder so schön ist, wie es bei der Mama war", sagte mir ein junger Mann mit Borderline-Störung. Zur Zeit werden die Kinder von dieser Generation zu jungen Eltern. Sobald die Umwelt im Widerspruch mit ihrer hedonistischen Lustorientierung ist, weil zum Beispiel ihr Baby einen Schreianfall hat, bricht das Weltbild bzw. auch das Selbstbild der jungen Mutter und des Vaters zusammen. Sie fühlen sich ohnmächtig, ausgeliefert und stecken ihr Baby mit ihren Ängsten und ihrer Unruhe an. Die Auswirkung bei diesen Kindern: Unruhe, Hyperaktivität, Hyperkinetisches Syndrom, Störungen der Aufmerksamkeit, ungehemmte destruktive Aggressivität.

Wie geht es weiter? Welche Eltern werden aus den heutigen hyperaktiven aggressiven Kindern? Und wie werden ihre Kinder? Verliert der Mensch seine Menschlichkeit an die Technik? Werden die Roboter in Zukunft den Ton angeben und den Menschen lenken? Wie werden geklonte Menschen sich selbst und den Nächsten lieben können? Nach uns die Sintflut? Können wir die Erneuerung der Menschlichkeit und den Frieden auf dieser Erde noch schaffen? Ich selber habe feste Hoffnung, dass es uns gelingen möge. Die Voraussetzung dafür ist, dass wir uns der vorgegebenen Lebensgesetze, vor allem des Gesetzes der Polarität bewusst werden, und, im Einklang damit, diese Krise in unserer Gesellschaft als Chance zu einer Erneuerung der Menschlichkeit betrachten. Es heißt, sich mit den mehr und mehr erwachenden guten Kräften zu verbinden und zukunftsorientiert zu denken und zu handeln.

Jeder sollte damit zunächst bei seinen Nächsten beginnen. Bewegt durch unsere Kopflastigkeit, immer noch verleitet durch Ängste vor der Nähe, neigen wir dazu, dem Makrokosmos Vorrang vor dem Mikrokosmos zu geben, über Abstraktes zu reden anstelle konkret zu handeln. Die Liebe erneuern und den Frieden stiften sollten wir zunächst in der eigenen Familie. Hier nämlich wird die Liebe in ihrer tiefsten Substanz geübt. In den intimen Bindungen zwischen Mann und Frau, zwischen Eltern und Kindern geht sie nicht nur durch den Kopf, sondern auch durch den Leib. Manchmal ist der Schmerz der verletzten Liebe so groß, dass man zu seiner Bewältigung nicht genug Worte hat, und am liebsten würde man von dem Nächsten, der mir den Schmerz zumutete, abhauen. Hier die Verantwortung für die Heilung der Beziehung wachzumachen, d.h. nicht wegzugehen und auch den anderen sich nicht einigeln zu lassen, sondern sich von Galle zu Galle, von Herz zu Herz und von Antlitz zu Antlitz emotional so lange zu konfrontieren, bis eine gegenseitige Einfühlung gelingt und bis beide spüren, dass ihre Liebe größer als der Ärger war, das ist die Chance für die vorbehaltlose, die Berge versetzende Liebe. Dieser Prozess ist in der Regel ohne die leibliche Unterstützung nicht realisierbar. Denn beide neigen in ihrem großen Schmerz zur Flucht voneinander. Durch das körperlichen Halten spüren beide den Vorsatz, nicht früher voneinander wegzugehen, bevor nicht die Liebe fließt. Hier kann kein „Wischiwaschi" gelebt werden, hier kommt die Wahrheit der Wut, der Trauer und der Liebe ans Licht. Dieses Festhalten als Lebensform zu fördern und als Therapie zu lehren, ist mein Beitrag zur Erneuerung der Liebesfähigkeit. Ich freue mich über jeden, der sich anschließt, wie ich mich über jede andere Innovation freue. Halten wir fest zusammen und seien fester Hoffnung!

Die Kraft des Lachens
Heilen durch Spiel,
Humor und Gemeinschaft

David Gilmore

Auf der Bühne zu stehen und über das Lachen zu reden, ist paradox: Man lacht einfach. *(Im Saal wird gelacht.)* Das tut gut. Würden Sie es gleich noch einmal machen, dann fühle ich mich hier oben wohler. Noch einmal, dann haben wir so eine Art Lachbeziehung *(erneutes Lachen im Saal).* Danke schön! Finden Sie nicht auch, dass das gut tut? Wir können vielleicht noch nicht von einer Gemeinschaft sprechen, aber wenn das gemeinsame Lachen da ist, gibt es sofort wenigstens ein Minimum an Gemeinsamkeit. Und Gemeinsamkeit wie Zugehörigkeit ist eine wesentliche Zutat zum Gefühl, in Ordnung zu sein.

Wenn ich über das Lachen überhaupt spreche, muss ich als Erstes feststellen, dass das spontane, unbedachte Lachen etwas Natürliches ist. In diesem Augenblick des Lachens denken Sie nicht, Sie erleben etwas. Sie sind, wenigstens für diesen Augenblick, einfach da. Sie sind präsent und körperlich. Ähnlich vielleicht wie beim Niesen, das bei ungefähr 200 Stundenkilometern geschieht – da können Sie nicht denken. Sie haben sich in dem Moment nicht unter Kontrolle. Wie beim Orgasmus – hoffentlich! Das haben Orgasmus, Niesen und Lachen gemeinsam. Möglicherweise ein Augenblick „Satori". Ein Moment, in dem unser Alltagsbewusstsein ausgeschaltet ist und etwas unsere Vorstellungswelt durchkreuzt. Etwas für uns Widersprüchliches, Überraschendes, Unfassbares.

Die *Kraft* des Lachens kann wissenschaftlich gemessen werden, soweit es um die Ausschüttung von „Glückshormonen" geht. Die *Wucht* des Lachens kann einen Menschen völlig aus der Fassung werfen. Es kann einen umhauen. Man kriegt sich nicht mehr ein. „Man lacht sich zu Tode." Das Lachen kann aber auch eine Waffe sein, kann verdecken, was wir fühlen, kann also gerade unsere Natürlichkeit, unsere wahren Gefühle maskieren. Kann sogar ein pathologischer Befund sein. Um welches Lachen geht es mir also, wenn ich hier gerade *Lachen, Heilen, Humor und Gemeinschaft* als etwas höchst Wünschenswertes miteinander verbinde?

Ich empfinde es als schön, dass Humor und Komik anscheinend ins öffentliche Leben Einzug gehalten haben als etwas, das zum Alltag gehören soll. Humor, das ist fast zur Mode geworden. So gibt es Clowns zum Beispiel in manchen klinischen Abteilungen, wo sie auch zunehmend für ihre wirkungsvolle Arbeit geschätzt werden. Ich habe ebenfalls fünfzehn Jahre in einer psychiatrischen Abteilung und in psychosomatischen Kliniken gearbeitet. Aber wenn ich manchen Ärzten oder Therapeuten in meinem Kurs „Humor im Beruf" vorschlage, sich vorzustellen, sie würden „morgens mit Freude aufwachen, sich umdrehen und mit Freude den Lebenspartner oder die Lebenspartnerin sehen, aufstehen, das Fenster aufmachen, die frische Luft riechen... sich freuen zu duschen, sich anzuziehen, zu frühstücken – alles mit Freude..." – Da müssen sie meist schon an dieser Stelle lachen, nicht so sehr, weil sie sich freuen, sondern weil sie sich das *nicht vorstellen können*. – Und wenn ich weiter vorschlage: „Sie freuen sich auch auf die Arbeit", dann lachen sie noch mehr, weil sie sich das noch weniger vorstellen können. „Sie steigen in die Straßenbahn und lächeln die anderen Menschen an, unterhalten sich sogar mit ihnen, kommen zur Arbeit, grüßen den Pförtner, die Kollegen, der Chef kommt ihnen freudig entgegen, sie fahren auf die Station und so weiter..." – Wir sprechen nicht nur davon, wir spielen das auch durch! Und es wird viel dabei gelacht. Danach sagen sie aber: „Ach, ist das anstrengend!"

Es wäre sicherlich anstrengend, wenn man tatsächlich jeden Tag und immer lachen müsste. Wenn das Lachen sozusagen „von oben" angeordnet würde. Das ist etwas, was zu *dem* Lachen, das ich meine, gar nicht passt: „Sei spontan!" „Sei authentisch!" Man kann ja niemanden zum Lachen zwingen. Jedenfalls nicht zu einem freien Lachen. Zu einem Lachen von Herzen. Vielleicht haben Sie das schon einmal erlebt? Wer gibt es zu? – Sie lachen? Sie muss ich wohl nicht überzeugen. Und wenn du von Herzen lachst, wie geht es dir? Ja, wenn es dir gut geht, dann lachst du und wenn du lachst, geht es dir gut. Aber als Dauerzustand? Und ohne Grund? „Daran muss doch etwas faul sein."

Für mich ist das genau der Punkt: Mir geht es um die Fähigkeit, mich zu freuen, egal was geschieht, und das Leben, unsere Lebendigkeit zu genießen. Jeder Versuch, die Lebendigkeit zu ordnen oder anzuordnen, kann eine Ordnung schaffen, die unsere Lebendigkeit gängelt. Das beziehe ich sowohl auf den einzelnen Menschen wie auf eine staatliche Ordnung. Wer den Narren in sich ausgrenzt, grenzt einen Teil der eigenen Lebendigkeit aus, die Verbindung zur wahren Welt.

Der Mythos des Narren

Schon der Narr als Mythos oder als Bild erzeugt in uns immer wieder eine Freude, eine Hoffnung. Der Titel meiner Seminare „Die Kraft des Lachens" erzeugt schon eine Vorfreude. Bereits die Erwartung, dass etwas passiert, was mein Lachen oder meine Lebendigkeit anspricht, führt zu einer freudigen Erfahrung. Wir erwarten etwas Unerwartetes, Befreiendes.

Das drückt sich auf verschiedenste Art und Weise aus. Sehr oft freuen wir uns, wenn etwas schief geht. Wahrscheinlich freuen wir uns nicht, wenn bei *uns* etwas schief geht. Wir freuen uns, wenn bei jemand *anderem* etwas schief geht. Und es ist schön, dass etwas schief gehen kann! Denn wenn alles klappt, ist uns das irgendwie unheimlich. Tatsächlich ist der Zirkusclown gerade dort entstanden, wo alles klappen sollte. Der Dompteur darf nicht scheitern, der Artist nicht stürzen. Der Clown aber stolpert, fällt um, verletzt sich, macht sich lächerlicher als jeder der Anwesenden es tun bzw. zugeben würde. Und das mit Genuss! Dann lachen alle und fühlen sich von dem Druck befreit, den der Dauererfolg schafft. Und auch von den heimlichen (schamerfüllten?) Wünschen, einer stürzt doch!

Auch Witze, die den anderen, den Fremden zum Gegenstand haben, sind eine Art Befreiungsschlag. Sie befreien kurzfristig von der Anspannung, die Menschen empfinden, wenn sie mit dem Andersartigen konfrontiert werden. Wie weit aber können wir darüber lachen, wenn in unserem eigenen Leben, bei der Arbeit oder in der Beziehung etwas „anders als geplant", wenn etwas schief läuft? Wie weit sind wir in der Lage, das Ungeliebte an uns selbst mit Humor zu nehmen, über uns selbst zu lachen? Wie weit sind wir bereit, uns unsere Fehler zu verzeihen? Wie ist das möglich? Wo führt das hin?

Vor drei Jahren habe ich zum ersten Mal ausprobiert, was eine Gruppe von 22 angehenden Clowns mitten unter Kongressbesuchern so alles anstellen kann. Ein Erlebnis ist mir besonders in Erinnerung, weil es deutlich zeigt, was ein Clown manchmal auch für eine Wirkung haben kann. Das muss eben nicht immer das Lachen sein:

Eine der Clowninnen war besonders gut darin, imaginäre Tiere vorzustellen. Sie verfügte über eine unschuldige, kindhafte Phantasie und sie schenkte diesen Tieren ihre ganze Liebe. Diesmal brachte sie einen Schokoladenkäfer mit, den sie unten vor die Haupttreppe setzte. Sie setzte sich dazu und sprach auf den Käfer liebevoll ein, er möge fliegen, wenigstens eine Stufe höher. Je schwerer es der Käfer hatte loszufliegen, um so liebevoller sprach sie auf ihn ein. Sie schenkte dem Käfer ihre ganze Aufmerksamkeit, Liebe und Hoffnung und versuchte, ihn zum Fliegen zu ermuntern... – Auf einmal kam ein Mann vorbei. Er schaute eine Weile zu, dann wurde er plötzlich rot im Gesicht, packte den Käfer äußerst wütend und warf ihn die Treppe hoch. Für die Clownin war es nicht leicht, diese Situation spielerisch zu meistern, das Verhalten des Mannes schockte sie sehr. Aber von außen betrachtet, könnte man sagen: Er hat dem Käfer geholfen!

Was auch immer seine tatsächlichen Beweggründe gewesen waren, es ist doch erstaunlich, was eine solche Treue zu einem nichtexistenten Käfer, diese Hingabe an etwas Imaginäres, bei jemand auslösen kann. In diesem Fall war es jedenfalls kein Lachen. Vermutlich hat ihn ihre Hingabe sehr gestört – „So ein Blödsinn! Das halte ich nicht aus!" –, etwas Unangenehmes in ihm berührt. Ihn auf jeden Fall *berührt* und beeindruckt. Sie wird das nicht vergessen. Er womöglich auch nicht. Was ist, wenn seine Wut eines Tages einmal nachlässt und ihm diese Geschichte in den Sinn kommt? Wird sie ihn wieder, diesmal anders berühren? Ein anderes Gefühl in ihm wecken? Vielleicht ein Bedauern oder eine Rührung, die eine Verbindung schafft anstelle von Hass? Wer weiß.

Wenn ihr an die Geschichten von Till Eulenspiegel denkt, wer hat da gelacht? Als er die Schuhe der Bürger auf eine Wäscheleine spannte oder als er dem geizigen Bürgermeister sein Vermögen abluchste, indem er vorgab, damit Kranke heilen zu wollen, die das Krankenhaus unnötig Geld kosteten. Till sagte den Kranken einfach, sie sollten für den Nachmittag verschwinden. Am Abend kamen sie natürlich wieder, und der Bürgermeister ärgerte sich maßlos, während Till mit dem Geld längst auf und davon war. Gelacht hat da keiner, und das ist der Legende nach der Grund, warum Till nie zweimal in derselben Stadt aufgetaucht sein soll. Aber *bewegt* hat er sie! Und die Geschichten bewegen uns immer noch. Auf welcher Seite stehen wohl wir?

Die Null wecken

Tills Vorhaben als Narr war es, die Bürger zu entlarven, um zu zeigen, wie geizig, wie naiv oder wie wichtigtuerisch sie waren. Wie egoistisch und wie wenig fähig oder willens, sich hinzugeben. Wie wenig bereit sie waren, einem Kranken (oder gar einem Käfer!) helfen zu wollen. Sie alle haben etwas zu verlieren: ihr Geld, ihr Ansehen, ihre Macht, ihr Gesicht, ihr Recht, immer Recht zu haben, und ihre Vorurteile.

Der Narr dagegen hat nichts zu verlieren. Jedenfalls nicht das, was den Bürgern so unverzichtbar erscheint. Der Narr ist der oder diejenige, der/die solches starre Denken und starre Verhalten bewegt, wenigstens Ärger auslöst – und zwar durch überraschende Gegenhandlungen. Aus der Sicht der Bürger ist er ein Nichts, Abschaum, das Allerletzte und darüber hinaus eine Gefahr für die Ordnung. Sie können ihn nicht begreifen. „Der ist ja verrückt!" Für mich aber ist der Narr die *Null*: Er lässt sich in keine Schublade einordnen, lässt sich nicht regeln – er ist frei. Das stiftet Verwirrung, darf nicht sein. „Wenn jeder so wäre..." – vielleicht würde dieses Chaos den Weg zu einer anderen, menschlicheren Ordnung weisen.

So scheint der Narr ein Rebell zu sein. Rebellion aber festigt die Macht. Für mich kommt deshalb zum Humor wesentlich die *Liebe* dazu. Ohne sie kann auch das Lachen Wunden hinterlassen, statt ein heilsamer Schock zu sein. In unserer Kultur steht die Null – mit ihrer Sehnsucht nach Lebendigkeit und Verbundenheit – oft allein, wird als nicht wünschenswert angesehen: „Du bist eine Null!" Dennoch fordern wir ständig Kreativität und Originalität. Wo soll das herkommen? „Wir werden als Original geboren und sterben als Kopie."

Der Mythos vom Hofnarren gefällt uns – ihm ist die Wahrheit wichtiger als das eigene Leben. Und uns? Wir freuen uns über den Clown im Zirkus und setzen ihn oft mit dem Kind (in uns) gleich. Wer als Erwachsener das Kind in sich sucht, freut sich über sein Spiel und darüber, Blödsinn, Unvernünftiges, zu machen. Wir freuen uns über die Unvereingenommenheit und Spielfreude unse-

rer Kinder. Aber wie ist es, wenn sie „dumme Streiche"
anstellen? Wer schätzt den Erwachsenen, der sich im Leben wie ein dummer August verhält, der stolpert, sich
treten lässt, sich lächerlich macht? Wir lieben Überra-
schungen. „Aber doch nicht jetzt, bei der Arbeit..." Was
könnte mich überhaupt noch überraschen? „Ich weiß
doch, wie die Dinge liegen, weiß, wie der Hase läuft." –
Nur, wenn Sie schon alles wissen, dann ist das so gut wie
schon schlafen. Im Leben zu schlafen. Wir lieben die Komik, aber „jetzt wird's ernst". Was also nützt die Null
in meinem Leben?

Eine Null zu sein, bedeutet für mich die Fähigkeit, dich
jeder Gefühls- und Lebenslage zu öffnen und dabei spielerisch zu bleiben. Spiel heißt nicht, das Gefühl dabei zu
verlieren, sondern im Gegenteil, dich dem Leben, dem
Moment authentisch zu stellen. Das zu greifen was ist,
mitzugehen und zu entdecken. Wenn wir den Kontakt
zu diesem Lebensfunken verlieren, mit dem wir in das
Leben eingetreten sind, verlieren wir auch den Ge-
schmack und die Lust am Leben. Wenn wir die Lust an
der Begegnung verlieren, verlieren wir die Beziehung zur
eigenen Lebendigkeit. Humor entsteht immer an der
Grenze unserer Erfahrung, wo auch immer diese Grenze
bei uns liegt.

Die Fähigkeit zu erkennen, wo diese Grenzen jeweils
sind, eröffnet die Möglichkeit für eine neue Begegnung.
Deshalb gilt für mich immer der Satz, der für mich schon
in meiner Arbeit in der Psychiatrie so wichtig war: *„Du
musst dich nicht verändern."* Du musst nicht anders werden, als du bist – du kannst es gar nicht. Wenn du es ver-
suchst, gibst du dich der Lächerlichkeit preis. So scheitern Diäten wie auch Therapien und Lebensplanungen,

wenn sie Ziele haben, die aus dem Verstand kommen, anstatt das zu würdigen, was von Herzen kommt.

Das Spiel erlaubt uns, uns in verschiedenen Rollen zu erproben. Und wenn wir im Spiel dann Rollen entdecken, die wir im Alltag ohnehin spielen, kann uns das so überraschen, dass wir einen wohltuenden Moment der Fassungslosigkeit erleben. Einen Moment, der uns mit uns und den anderen verbindet, wo unsere täglichen Rollen uns sonst trennen. Wenn wir das Spielerische im Leben entdecken, entsteht in uns eine humorvolle, „null-volle" Haltung zum Leben. Wenn wir uns oder jemand anderem einen Spiegel vorhalten, dann bitte einen blanken, der in die Liebe gebettet ist. Dann kann sich der Betroffene möglicherweise – mit der Zeit – mit seinem Spiegelbild anfreunden.

Ein Null-Raum – den Ausdruck habe ich mir gerade ausgedacht – kann nur ein Raum des Vertrauens sein, in dem unsere Lust am Spiel möglich ist. In meinen Seminaren entsteht dieser Raum immer wieder, wenn die Teilnehmenden merken, dass sie sich ohne Beurteilung zeigen können. Das schlimmste aller Urteile scheint ja die Lächerlichkeit zu sein. Je mehr sie aber die Erfahrung machen: „Ich kann mich zeigen und muss mich dafür nicht schämen", umso mehr können sie die Kraft ihres Ausdrucks genießen, statt sich über das Warum und Wieso Gedanken zu machen.

Je mehr sie bereit sind, ihre eigene Gegensätzlichkeit zu verkörpern und lustvoll vor anderen in Szene zu setzen, umso weniger können sie von den Ungereimtheiten des Lebens umgeworfen werfen, umso einfühlsamer können sie für fremdes Verhalten werden, umso verbundener mit sich und anderen. Sie fangen an, körperlicher und aufmerksamer zu werden und finden wieder den Mut, sich zu zeigen. In einem solchen Raum ist das Lachen immer dabei, und festgefügte Konzepte und Lebensspiele werden Anlass zur Heiterkeit statt zur Verurteilung. Hier wird Gemeinschaft heilsam, weil sie wirklich verbindet, und das herzliche Lachen kann hier gedeihen.

Ich würde gerne den Narren in uns auch hier im Vortrag ein bisschen erlebbarer machen. Das geht aber nur über die direkte Erfahrung, über die Praxis. Sie hat einen großen Vorteil, denn das, was wir im Erleben erfahren, vergessen wir nicht. Ich befürchte aber, es könnten einige unter den hier Anwesenden sein, die lieber mehr über die *Hintergründe* meiner Arbeit als Clown und Theater-„Therapeut" hören wollen, als den „Erlebensteil" des Seminars gleich mitzuerleben. Wie kann ich dafür sorgen, dass ich Ihnen Wissen vermittle, ohne dass Sie zu viel erleben?

Vielleicht sollten wir an dieser Stelle ein kleines Experiment wagen – ich glaube, so weit können wir gehen: Ich bitte also jeden und jede, die rechte Hand zu einer Faust zu schließen. Daraus soll kein Angriff werden, das ist einfach eine Faust. Und ich bitte Sie, ihren Nachbarn oder ihre Nachbarin dabei anzuschauen. – Natürlich, wenn alle in eine Richtung schauen, sieht man nur den Hinterkopf. Aber, das lösen Sie schon. – Schauen Sie sich einfach an. Ich bitte Sie jetzt, ohne groß darüber nachzudenken und mit einem für diese Gelegenheit entsprechend ernsthaften Gesicht, die Faust zur eigenen Nase zu bringen, einander weiter dabei anzuschauen, sich zu begrüßen und ganz normal miteinander zu reden. Probieren Sie Sätze wie: „Ich bin dein Therapeut." Oder: „Ich verhafte dich im Namen des Gesetzes für ungesetzliches Niesen an einem öffentlichen Platz." Oder andere Sätze der Autorität, mit denen Sie sich behaupten wollen. *(Großes Gelächter)* – Kann es sein, dass sich die Stimmung deutlich verbessert hat? Falls das zur Gewohnheit werden sollte, können Sie zur Abwechslung ja mal die linke Hand nehmen.

Die direkte Erfahrung ist wesentlich, aber es ist auch gut, dem Verstand etwas zu geben, damit er weiß, „was das Ganze soll". Der Verstand braucht eine gewisse Beruhigung, damit er zulässt, dass wir etwas erleben, das heißt, damit es möglich wird, dass wir das Erlebte als Teil unserer Realität annehmen. Dann kann er das, was wir erlebt haben – gerade wenn es genussvoll war –, „vernünftigerweise" auch später und weiterhin von Zeit zu Zeit zulassen.

Der Verstand kann das Erleben verhindern: Wenn er sagt, „lächerlich", statt ohne Grund zu lachen und albern zu sein. Wenn er skeptisch ist, wo wir lebensfroh und offen sein könnten. Wenn er in (Selbst)Mitleid – „Wir alle sind Opfer", „Andere sind schuld" – vergeht, statt mitfühlend zu sein. Wenn er die Mühe, die Arbeit und Anstrengung sieht anstelle der Leichtigkeit. Mit dem Verstand wirken wir oft gegen uns selbst. Zum Beispiel, wenn wir grundsätzlich skeptisch sind. Jemand, der diese Grundeinstellung hat, wird das Leben auch von diesem Standpunkt aus erleben und seine Einstellung in seinem Scheitern bestätigt finden. Oder wenn wir uns ärgern wollen: Wenn ich mich ärgern will, finde ich immer einen Grund, mich zu ärgern, und wenn es der Grund ist, dass ich keinen Grund habe, mich zu ärgern. Wenn wir so etwas bei anderen bemerken, löst das bei uns Lachen und Heiterkeit aus. Anders, wenn wir selbst dabei ertappt werden. Das ist uns peinlich. Wir fühlen uns entblößt. Deshalb ist der Clown so beliebt, weil er sich Blößen gibt, die wir uns selbst nicht erlauben. Er wird dann gerne als Künstler dargestellt, als eine Form der Unterhaltung, die mit der Realität nichts zu tun hat. Als Außenseiter, von dessen vermeintlichen Schwächen wir uns abgrenzen. Das ist auch eine Überlebensstrategie unseres Verstandes, hat mit Lebendigkeit aber nicht viel zu tun.

Narr sein

Im Leben ein Clown zu sein, heißt, ein Narr zu sein, eine Null, die den Sprung wagt aus der Angst vor der engen Meinung anderer und hinein in die eigene Würde. Im Bewusstsein um das eigene Bedürfnis nach Halt und Sicherheit, aber im Vertrauen auf die Kraft des Lachens, die Kraft der Lebendigkeit. In der Kraft des Scheiterns an den eigenen Vorstellungen kann der Wert des Lebens für sich erkannt und erlebt werden.

Dabei erkennen wir, dass wir Grenzen haben und dass uns keine Grenzen gesetzt sind. Das ist ein lebenslanger Gegensatz, wir schaukeln hin und her zwischen diesen Polen, zwischen Spiel und Ernst, zwischen unserem Bedürfnis nach Sicherheit und Freiraum. – Und oft verwechseln wir Freiraum mit Vermeidung und Flucht. – Wir engen uns ein und sprengen dann die Enge. Eine sehr aufwendige Art zu leben, aber eben normal. Auch der Mythos Clown sorgt nicht dafür, dass wir wirklich frei sind, denn solange wir uns nicht wirklich auf den Augenblick einlassen, sind wir nicht stimmig, stimmen wir nicht ganz.

Diese Dualität können wir nur lösen, wenn wir sie ungelöst lassen. Es geht darum, ein aktives Gleichgewicht zwischen den Gegensätzen in uns zu schaffen. Sie leugnen oder harmonisieren zu wollen, wird jedesmal scheitern – zum Glück – und das verstärkt die Schattenseite oder das Ungleichgewicht. Gut, wenn wir dann lachen können.

So erlebe ich in den Seminaren und in der Klinik häufig, wie verblüfft die Teilnehmenden sind, wenn sie im Spiel die Lebendigkeit und Kraft entdecken, die in dem verborgen liegt, was sie sonst bei sich als „schwach", benachteiligt oder „dumm" empfinden und am liebsten gar nicht wahrnehmen wollen. Eine Frau zum Beispiel spielte eine Postbeamtin, die mit ihrer Langsamkeit und absoluten Begriffsstutzigkeit eine ganze Schlange wartender Kunden zur Weißglut treiben konnte. Als Clownin begann sie plötzlich, diese Rolle zu genießen, sie erlebte die Macht, die ihr diese Eigenschaften verliehen, vor allem aber auch die Lust, die es ihr bereitete, all ihren Phantasien über diese Rolle freien Lauf zu lassen. Nach einem solchen Spiel kann keiner mehr behaupten, er sei „schwach", ein Opfer. Sie fangen an, diese Seite anzuerkennen, anders zu werten und sich darin anzunehmen. Sie können auch nicht behaupten, sie seien nicht spontan oder unkreativ, da sie in diesen Situationen vor Ideen und Ausdruckskraft nur so sprühen. Ab diesem Zeitpunkt fangen sie an, mehr Verantwortung für das eigene Verhalten zu übernehmen.

Wem es gelingt, zum Beispiel auch die ungeliebten Eigenschaften seiner Eltern als Clown zu spielen, das heißt mit Lust und unabhängig vom Schmerz der Erinnerungen, der entdeckt nicht nur das herzhafte Lachen, das er damit bei anderen auslösen kann, sondern auch, wie sich durch das Spiel eine ruhigere, liebevolle Beziehung entwickeln kann zu den Eltern und zu sich selbst. Solche Situationen berühren sowohl die Spielenden als auch diejenigen, die das Spiel als Zuschauer begleiten. Ich erinnere mich an verschiedene Szenen: an eine zwanghafte „Mutter", die ihre Tochter dressiert; an einen alkoholisierten „Vater", der behauptet, er sei nicht betrunken, sich dabei aber an einer Truhe einklemmt; an einen schwächlichen, fernsehsüchtigen „Vater", der seinem Sohn in hilfloser Haltung Prügel androht und sich dabei lächerlich vorkommt; an mehr als eine „Mutter", die so leidet, dass sie die ganze Nachbarschaft mit ihren Anrufen terrorisiert.

Wenn eine distanzierte, tyrannische Clownmutter mit einem vollkommen von ihrer Liebe abhängigen und im wahrsten Sinne „anhänglichen" Clownsohn eine Szene spielt, wird deutlich, wie sehr die Gegensätze im Spiel hin und her pendeln, wie Macht und Ohnmacht die Besitzer wechseln. Wir lachen dann, weil diese Gegensätze nicht mehr so klar zu trennen sind, wie unser Verstand das gerne hätte. Wir sind aber auch berührt, weil wir uns alle an sehr konkrete Situationen in unserem Leben erinnert fühlen. Und wir sind vor allem verblüfft, wenn wir merken, wie der Spieler sich im Spiel als Clown wandelt und Kraft gewinnt. Wer spielt, ist von sich selbst, von seiner eigenen Intensität und kreativen Leistung überrascht, berührt und beglückt.

Humor hat also nicht unbedingt mit der roten Nase zu tun, sondern ist das Ergebnis eines Erkennens, dass alles gespielt werden kann und dass alles Kraft hat. Die rote Nase ist hier nur ein Hilfsmittel, das den Spielraum öffnet, in dem Lust und Intensität ohne die übliche Bewertung des Verstandes möglich sind.

„Humor" heißt eigentlich „Flüssigkeit". Da, wo die Dinge fließen, fangen die Leute irgendwann auch an zu lachen. Zunächst etwas verhalten vielleicht, wenn sie das lange nicht mehr getan haben und das Lachen etwas eingerostet ist. Aber irgendwann immer freier, fließender. Inzwischen gibt es sogar Lach-Clubs, die die Lachmuskulatur regelrecht trainieren. Das tut wirklich gut und kann nachweislich eine Menge bewirken. Aber „Lachismus"? Wenn das mit innerer Freude zusammengeht, gerne! Klar!

Die Kraft des Lachens erfahre ich, wenn ich mich wirklich packen lasse. Und deshalb spielt die Lust eine so große Rolle. Die Lust, mit vollem Herzen zwischen Ernst und Spiel zu wechseln, in eine Rolle hinein und wieder aus ihr heraus zu schlüpfen. Der Narr tut nicht so als ob. Seine Kunst ist es, sich einzufühlen, sich wirklich einzulassen auf die Rolle. Das Fließen beginnt, wenn wir die Lebenseinstellungen, die uns vom Leben trennen, zum Spielmaterial machen.

In meiner Arbeit in der Psychiatrie begegnete ich zum Beispiel Glaubenssätzen wie „Ich kann nichts", „Was soll das, ich habe Theater genug in meinem wirklichen Leben", „Ich finde sowas überhaupt nicht komisch". Der erste Schritt ist dann, diese Sätze mit voller Kraft und Lust zu sagen, diese Einstellung in aller Konsequenz zu vertreten, lustvoll destruktiv zu sein zum Beispiel. Oder lustvoll belanglos. Es geht nicht darum, was wir spielen, sondern dass wir spielen. Denn was im Spiel passiert, ist, dass wir wieder beginnen, uns selbst zu spüren. Und dann stellt sich ein Wohlgefühl ein, die Freude an der eigenen Bewegung, wie ein Kind, das sich an den eigenen Bewegungen freut. Das ist eigentlich etwas Selbstverständliches, Alltägliches, das zwar im Alltag vorkommt, aber eben nicht die Norm ist.

Narr zu sein ist keine Technik, sondern eine Qualität, dich selbst kennen zu lernen, deine körperlichen Muster, deine Gefühlsmuster, deine Glaubenssätze zu erkennen und im Spiel zu zeigen, mit Lust.

Wichtig ist, dass wir nichts Bestimmtes damit erzielen wollen. Dass wir das nehmen, was da ist. Dann passieren erstaunliche Sachen. Jedes Verändernwollen muss scheitern. Niemand muss sich ändern. Das Flüssigwerden beginnt mit der Bereitschaft, alles auszuprobieren, die Hemmung aufzugeben, sich zu zeigen, spontan und kreativ, körperlich, fühlend, herzlich, wesensecht, so wie wir ohnehin sind. Je nach Kultur wird dies begrüßt oder abgetan. Je nachdem, wie eng die Grenze gezogen wird zwischen Ernst und Spiel und welcher Seite die Priorität gegeben wird.

Das Spiel schafft einen Raum, in dem ich mich zeigen kann. Alles ist möglich und (wo es Absprachen und ein Einverständnis gibt) erlaubt. Damit beginnt ein Prozess, der zu tun hat mit Begegnung, mit Sich-Einlassen, mit Sich-Öffnen. Das führt zu mehr Vertrauen und zu mehr Gefühl – was auch wieder neue Ängste auslösen kann. Deshalb spielt die Gruppenarbeit im Raum eine so große Rolle (im Gegensatz zum Vorspielen auf der Bühne), weil sich hier der Einzelne nicht direkt zeigen muss. So vieles passiert gerade dann, wenn jemand nicht direkt angesprochen ist. Ein Raum, in dem alle gleichzeitig spielen, ist ein Raum, wo niemand sich mehr schämen muss als sonst. Und wenn in einer Gemeinschaft andere dann wirklich mitfühlen und mitlachen, hat das eine besondere Kraft.

Was die Null von uns verlangt, ist, dass wir den kostbaren Lebensfunken in uns pflegen und leben. *Buddha* war eine solche Null und er pflegte zu sagen, dass wir alle eine solche Natur in uns tragen. Das scheint ein hohes Ziel zu sein. Aber unsere Lust auf Leben, diese gesunde, natürliche Freude am Lebendigen zeigt sich immer wieder, – paradoxerweise zum Beispiel in unserer Heiterkeit bei Katastrophen: Nach jeder Katastrophe gibt es einen verloren geglaubten Sinn für Gemeinschaft und Heiterkeit. Man ist wieder frei, kann von vorne beginnen. Die festen Einstellungen schaffen den Krieg, aber wenn alles zerstört ist, sind sich die Menschen oft wieder näher, wenigstens für eine Zeit.

Heyoka

In unserer Kultur steht der Narr oft als Außenseiter. Der Verstand sagt, „der ist ja närrisch". Oder als Reizfigur, wenn er uns zeigt, wo wir nicht authentisch sind, nicht von Herzen fühlen und denken. Es gibt Kulturen, da ist das Lachen, der Witz und das Spiel integraler Bestandteil des Alltags. Sie schätzen den Narren als Teil der Gemeinschaft. Nicht nur als Mythos oder Hoffnung, sondern ganz praktisch als jemand, der die Gemeinschaft zum Beispiel als anerkannter Heiler, als Erzieher der Kinder und als Spieler bei Ritualen unterstützt.

Der Heyoka der nordamerikanischen Indianerstämme ist ein solcher. Er ist für mich eher ein Vorbild für mein Narrsein als der Clown. In meinem Leben bin ich diesem Vorbild nicht bewusst gefolgt. Ohne zu wissen, dass es solche Vorbilder gibt, habe ich für mich einen Weg gesucht, der mich unweigerlich zum Weg des Narren führte. Die vielen Vorbilder an Komikern im Film, Fernsehen oder im Zirkus haben mich ermutigt und mir Kraft gegeben. Ich interessierte mich aber auch für ihr Leben. Wie weit waren sie in Wahrheit das, was sie als Clown oder Komiker verkörperten?

Ich habe mein eigenes Leben angeschaut und gesehen, wie sehr ich Witz, Situationskomik und Herumalbern als Möglichkeiten brauchte, um nicht von den Erwartungen und Konzepten meiner Familie erdrückt zu werden. Ich fand aber, dass solche Mittel allein mir nicht helfen konnten. Wenn ich als Jugendlicher mir alles Mögliche erträume, vor meiner Mutter aber noch Angst habe und deshalb nicht handle, werde ich auf Dauer nur zu einer Witzfigur. Also war mir nicht nur die Technik eines Komikers wichtig, sondern die Frage, wie der „Ernst" unserer Lebenssituation gewandelt werden kann: Wie wir Verbindung wieder herstellen, wenn wir den Kontakt verloren haben. Wie wir uns überraschen, anstatt die Klischees aufzufüllen. Wie jede nützliche Struktur, jede Religion, jede Kultur immer wieder erneuert werden, neu vermittelt werden kann, um weiterhin lebendig zu bleiben. Kurz: Ich wollte leben und lebendig sein, selbst bestimmen, welchen Weg ich gehe und mich gleichzeitig an das halten, was durch Erfahrung und Tradition als Grundwahrheit immer wieder bestätigt wird.

Dies führte zu einer Reihe von „Lebenssprüngen", mit denen ich schrittweise und durch Erfahrung lernte, was ich für mich wirklich brauchte. Das waren gleichzeitig Schritte, die mein bisheriges Selbstverständnis in Frage stellten und mir damit mehr Flexibität, Kraft und Sicherheit im Umgang mit mir, mit anderen und mit dem Leben vermittelten. Der Wechsel des Landes und der Sprache gehörte dazu und ein andauerndes Lernen: wie Herzensträume konkret Wirklichkeit werden können, wie das Stegreiftheater, das Improvisieren mit Bewegung, Tanz und Stimme den authentischen Ausdruck des Selbst fördern, das Leben spiegeln und das wandelbare Spiel des Lebens erlebbar machen. Wie insbesondere das Spiel des Clowns mich an meine Grenzen führt, damit ich erfahren kann, was eine wirkliche Grenze ist und wie sich die Freiheit des Humors anfühlt.

Meine Arbeit in der Psychiatrie, in Kliniken sowie in den Seminaren und Weiterbildungen hat mir gezeigt, wieviel Freude in uns steckt, wie sehr wir eigentlich in Ordnung sind, wenn wir den Raum und die Sicherheit bekommen, das zu erfahren. Das hat mich zurückgebracht zu den Ursprüngen meiner Suche, denn gerade durch meine eigene Tätigkeit merkte ich, wie sehr ich in meinem Weg des Narren von der Sehnsucht nach Familie und Gemeinschaft angetrieben war. Mein Streit mit meinen Eltern, mit der Universität, mit der Gesellschaft, mit der Religion war nichts anderes als mein Wunsch, Familie, Lernen, Kultur und Gemeinschaft als etwas Lebendiges zu erleben, was uns Freude macht.

Deshalb möchte ich zum Abschluss sagen, was Heyoka heißt: Hey heißt „wach auf!", Yo heißt „das Herz" und Ka bedeutet „Wissen".

Heyoka: „Wach auf und höre auf das Wissen deines Herzens!"

Gelebtes Leben ist ansteckend. Ungelebtes auch

Evelyne Coën

Herzlich Willkommen, ich freue mich, dass Sie dem lebendigen Leben noch nicht abgeschworen haben. Ich will Ihnen keinen analytischen Beitrag vortragen. Keinen Fachbericht über das „Richtig leben" abliefern. Ich will Ihnen auch keine neue Methode servieren. Keine neue Theorie, auch kein neues Prinzip. Die Buchhandlungen sind voll davon. Und trotzdem leben so wenige Menschen. Die meisten von uns sind ständig damit beschäftigt, die Regeln irgendeiner Schule zu erfüllen, ein Dogma, eine Methode oder ein Prinzip zu vertreten. Eine beliebte Beschäftigung ist auch die Jagd nach den drei Qs: dem IQ, dem EQ und dem SQ.

Ich will Ihnen um Himmelswillen nicht *noch* etwas Neues aufbürden! Denn der Wissenschaften gibt es genug, die leblos und perfekt wiedergegeben werden. Und die man auch noch beherrschen sollte! Hinter keinem Theoriegebilde kann das Leben gefunden werden, aber hinter all den Lehren lässt es sich so leicht verstecken. Da ich mich keiner Lehre, sondern dem praktischen Leben verschrieben habe und verpflichtet fühle, bin ich also hier mit mir selbst. Und natürlich bin ich hier mit Geschichten und Beobachtungen von Menschen, die beschlossen haben, aufzuhören mit dem Nicht-Leben. Wenn Ihnen heute Ihre Lebensträume wieder begegnen sollten, dann ist es das Beste, was geschehen kann, um Sie

Ihr eigenes lebendiges Leben spüren zu lassen. Sie daran zu erinnern, was Sie alle wissen: dass da noch viel mehr ist als das, was wir leben.

In meinem Beratungszimmer besuchen mich täglich Menschen, die nicht aufgegeben haben, immer wieder über die Mauer des vorgeschriebenen Denkens und Seins zu schauen, und die beschlossen haben, nichts anderes mehr als ihr gelebtes Leben zu suchen. Die den Mut aufbringen, ihr Gefühl der Sehnsucht nach Lebendigsein zu äußern. Die, statt gehorsam sein zu wollen, wahr sein wollen. Zudem konnten sie alle in ihrem bisherigen Leben mit niemandem über ihr abgestorbenes Lebensgefühl offen reden und wollen auch dies nun ändern. Vorerst noch nicht laut, draußen bei den Kollegen und Kolleginnen. Oftmals auch nicht mit ihren Lebenspartnern oder Eltern. Damit haben sie keine gute Erfahrungen gemacht. Schon als Kinder nicht. Nein, vorerst still, und nicht selten verzweifelt, im Gespräch mit mir. Ihr Erfolg draußen ist oft groß, die Anerkennung gewährleistet und die soziale Einbettung gegeben. Und trotzdem aber – das Leben nicht spürbar. Sie ist diffus, diese Sehnsucht nach dem Leben. Aber sie ist immer wieder da. Vergraben, vergessen und doch so spürbar da.

Einmal im Leben so richtig leben

Es ist dieses Gefühl in uns, das uns immer mal wieder mahnt: *Einmal im Leben so richtig leben!* – Was fühlen Sie? Jetzt gerade, wo Sie den Satz hören: *Einmal im Leben so richtig leben!* Kommt da jetzt spontan ein großer Seufzer, eine leise Wehmut? Oder vielleicht das Gegenteil, nämlich Freude und Lust? Ist das eher freudig oder eher traurig im Gefühl? Ist es ein Prickeln im Körper oder eine lähmende Leere?

Der erste Impuls

Behalten Sie Ihren allerersten Impuls dazu. Nehmen Sie ihn einfach wahr und bewerten und analysieren Sie ihn nicht. Benennen Sie ihn nicht. Nur einfach wahrnehmen. Schauen und fühlen. So beginnt der Weg zur inneren Quelle, zur Intuition, zur Stimme unseres Herzens, die den Weg zu unserem eigenen Leben kennt.

Auf diesen ersten Impuls folgt in Sekundenschnelle der zweite Impuls, und der überdeckt den ersten so gründlich, als hinge unser Leben davon ab. Aber so ist es ja auch. Darüber werde ich noch sprechen. Den einen Impuls vom anderen unterscheiden zu können, braucht etwas Übung. Aber es ist der spannendste und lustvollste Lernweg, den ich kenne – obwohl wir diesen ganz persönlichen Lernweg oft lange suchen müssen, versteckt in der hintersten Ecke unseres Wesens. Vergraben unter all unserem angelernten Denken und Nicht-Mehr-Fühlen-Dürfen. Überwachsen und vergessen unter all dem Lernstoff, der uns eingetrichtert wurde seit dem ersten Schultag. *Dieser* Lernweg in Richtung Lebendigkeit ist in keinem Lehrplan unserer Schulen und Universitäten enthalten. Es wäre höchste Zeit, dies zu ändern!

Kinder – ließe man sie – würden diesen, nämlich ihren Weg, ganz natürlich finden. Kinder – ließe man sie – würden ihn uns vorleben, ganz natürlich. Aber Kindern wird diese tiefe Würde und dieses tiefe Wissen schon früh ausgetrieben. Bis auf einige wenige natürlich. Diese wunderbaren mutigen Ausnahmen gibt es immer und überall.

Wir aber, selbst Kinder dieser anerkannten Unterdrückung, dürfen heute diesen unseren Weg selber gehen und dieses unser Lernen selber gestalten. Das ist ja gerade das wunderbar Neue, aber auch das Schwere und Beängstigende daran. Denn das sind wir nicht gewohnt. Das haben wir nicht lernen dürfen. Wehe, wir hätten unserer Intuition nachgeträumt und danach gehandelt! Wehe, wir hätten unseren Träumen Namen gegeben! Erinnern Sie sich daran, wie das bei Ihnen war? Wie hat Ihre Umgebung auf Ihre wahren Bedürfnisse und Ihre Tagträumereien reagiert? Wie auf Ihre großen Phantasien und Pläne? Mit Freude und Zeit? Mit Interesse und Förderung?

Spüren Sie, was sich da prächtig entwickeln konnte? Ja, da entwickelte sich schnell unser uns bestens bekannter zweiter Impuls, der dafür sorgte, dass wir nicht träumten und nicht herumschlenderten. Sondern vergruben, was in uns lebte. Wie wir das bewerkstelligen können, erklärte uns stets auch der zweite, uns eingebläute Impuls. Und er tut es heute noch. Was wir lernen mussten, war Leisten. Richtig leisten. Machen. Richtig machen. Dann machen, wenn die Zeit dafür vorgesehen war. Nicht in unserer Zeit, nein, in vorgeschriebener Zeit. Lernen. Das lernen, was vorgeschrieben war, nicht das, was aus Neugierde aus uns selbst drängte und darum so leicht hätte geleistet und gelernt werden können.

Das Wissen vergessen

Also, meine Damen und Herren, vergessen Sie am besten einen Moment lang Ihr angelerntes Wissen und Ihre fixen Vorstellungen, wie etwas zu sein hat oder nicht zu sein hat. Gerade für Sie, die Sie Fachleute auf Ihren Gebieten sind, wird dies eine echte Herausforderung. Denn Ihr analytisch geschulter Geist erlaubt Ihnen ungern Spaziergänge auf unbekannten, unberechenbaren Wegen. Ihr Geist könnte das als unintelligent, sinnlos oder unlogisch taxieren. Der Zensuren sind da viele im Kopf. Nur bringen diese Ihnen nichts Neues. Darum lade ich Sie ernsthaft ein, tauchen Sie ein in Ihr inneres Wissen. Dieses innere Wissen, das wir auch Intuition, erste Impulse oder Sprache des Herzens nennen können.

Dieser innere rote Faden wird es sein, der Ihr anderes Wissen, das rationale und angelernte also, zur Hochblüte treiben wird. Denn wenn Schulwissen einhergeht mit Herzenswissen, *dann* geschieht wahrhaft Veränderung. Das Gefühl vom Wahrsein, vom Lebendigsein stellt sich nicht ein, wenn wir uns innerhalb unserer ewig gleichen Denkschachtel bewegen, da braucht es schon den Sprung hinaus und im freien Fall hinein in unsere Intuition, die uns immer auffängt.

Ein Chemiker, der bei mir im Gespräch war, drückte es so aus: „Wenn ich denke, wozu meine Forschung dient, die ich heute betreibe, dann wird mir übel. Ich kann mich kaum noch selbst im Spiegel betrachten. Ich nutze mein großes Wissen für eine letztendlich lebenszerstörende Forschung. Und ich weiß das! Meine innere Stimme sagt es mir täglich. Sie lässt mir keine Ruhe. Meine andere Stimme aber weiß genau: Wenn ich forschen möchte an dem, was längst in mir lebt und sinnvoll wäre und das laut mitteile, dann bekomme ich keine Forschungsgelder, geschweige denn noch Arbeit. Und in diesem Spannungsfeld von Selbstbetrug und Betrug sterbe ich ab." Er wollte endlich springen. Er wollte sein universitäres Wissen mit seinem Herzenswissen verbinden, wie das eigentlich ganz natürlich wäre. Aber er sah keine Möglichkeit, das in Realität umzusetzen.

Ein anderer Klient brachte dieses Dilemma für sich und so viele andere auf den Punkt: „Ich bin erfolgreich, bin angesehen, verdiene viel Geld als Chefarzt, habe eine hochkomplexe, interessante Arbeit und mache diese Arbeit auch gut. Ich leite ein Spital mit einem enormen Pensum an Arbeitszeit. Trage große Verantwortung. Genieße die Macht und die hohe Anerkennung, die mir entgegengebracht wird. Mein Status ist mit Privilegien verbunden, an die ich mich gewöhnt habe. Ich lebe in einem schönen Haus mit einer lieben Frau, die ebenso wie ich ein Unternehmen leitet. Wir können uns jede Reise leisten und trinken nur den besten Wein." – Auch ein Mann, der voll im Leben steht, der es geschafft hat, wie man so schön schrecklich sagt. – Er aber fuhr fort: „Ich weiß, ich habe alles, aber trotz alledem fühle ich in mir einen enormen Verlust an Lebensqualität. Ich fühle *mich* nicht mehr. Ich funktioniere. Habe kaum Zeit für die Patienten, geschweige denn für mich und meine Frau. Ich sehne mich nach Zeit, wenn ich sie aber mal habe, weiß ich nichts mit ihr anzufangen. Wenn ich an mein Leben denke, dann ist da trotz meines großen Prestiges eine Leere. Wozu das alles? Ist dieses gehetzte Dasein mein Sinn? Oder bin ich undankbar? Sollte ich zufrieden sein mit dem, was ich habe?" Leise, fast beschämt fuhr er weiter: „In mir ist immer wieder eine Sehnsucht nach dem Ausbrechen. Manchmal träume ich sogar davon, einfach etwas völlig anderes zu tun. Ich träume davon, Zeit zu haben, die Jahreszeiten wieder zu spüren und zu erleben. Oder ich erinnere mich, dass ich doch eigentlich Musik studieren wollte. Aber in der Familie war es beschlossene Sache, dass ich Arzt, wie mein Vater und Großvater, werden sollte. Ich bin heute zwar gerne Arzt, und trotzdem, das Gefühl der Unzufriedenheit bleibt. Etwas treibt mich. Diese Gedanken aber machen mir Angst. Würde ich ihnen tatsächlich nachgehen und sie ernst nehmen, dann fürchte ich, alles, was ich mir erarbeitet habe, zu verlieren. Ich glaube ins Nichts zu fallen. Und doch: Ich bin jetzt 48 Jahre alt und deprimiert, wenn ich daran denke, dass das jetzt *mein Leben* war. Ich möchte leben! Nicht etwa das Leben, das mir anerzogen wurde! Nein, frei und lebendig leben! Dieses unvergleichbare Gefühl von Leben spüren, das ich tief in mir ahne. Danach suche ich, das bewegt mich. Das lässt mich warm ums Herz werden und in meinen Gedanken höchst mutig und kreativ in meinen Träumen schwelgen, die ich nicht auszusprechen wage. Aber wenn ich es nicht endlich wage, mein Leben, dann habe ich es nie wirklich gelebt."

Er war in diesem Moment der Klarheit und tiefen Verbundenheit sehr nahe bei sich selbst und gerade dadurch in eine große *innere Spannung* geraten. Er befand sich in einem inneren Widerstreit zwischen dem ersten Impuls oder der Stimme, die da sagt: „Ich möchte doch so gerne leben, wie es mir entspricht", und dem zweiten Impuls, seiner Gegenstimme, die mahnt: „Ich darf das nicht. Wenn ich das täte, bräche alles zusammen, es wäre ein Fall ins Nichts. Ich hab doch alles, was also will ich mehr!"

Ein Hin und Her und Ja und Nein, oft bis zur Erschöpfung. Und so erschöpft und leer wirkte er auch. Aber *dieses* Leiden war er gewohnt. Damit hatte er gelernt umzugehen. Seit Kindertagen, als seine Sensibilität in ein Erwartungskorsett gestopft wurde. Das hielt er aus – bis heute. Nach außen hin gut, wie Sie gehört haben. Es hätte ihn das Leben gekostet als Kind, hätte er *nicht* ausgehalten, was ihm aufgebürdet war. Als erwachsener Mann nun kostet es ihn sein gelebtes Leben, dieses sein Aushalten und Verbleiben im Korsett der Erwartungen anderer.

Leben nicht aushalten, sondern leben

Er hatte nicht gelernt, seinem inneren Gefühl zu folgen. Seiner Stimme zuzuhören, seinen ersten Impuls wahrzunehmen und ihm nachzugehen. Aber nun wollte er es. Und das zählt! Er wollte aufhören, das auszuhalten. *Er wollte das Leben nicht aushalten, sondern leben.*

Von diesem Lernweg spreche ich. Er ist geboren aus einer inneren Notwendigkeit. Und wir werden krank, aggressiv, depressiv, gewalttätig, ganz subtil oder sichtbar direkt, leben mit Leiden statt mit Freuden, wenn wir nicht beschließen, unseren Geist und unsere Konzentration auf unsere wahren Bedürfnisse zu lenken. Immer wieder und immer wieder aufs Neue. Bei jeder Gelegenheit.

Wenn wir uns selbst nicht diskriminieren und beurteilen, sondern für uns selbst eine neugierige, mitfühlende Haltung einnehmen, entdecken wir ganz natürlich unseren Weg. Und damit auch unseren roten Faden, an den wir uns halten können, durch alle Wirren hindurch. Und es spielt überhaupt keine Rolle, an welchem Platz Sie gerade stehen. Jeder Platz ist genau der richtige Platz. Sie können überall und sofort damit beginnen. Es gibt keine äußere Struktur, an der Sie sich da halten könnten oder müssten. Hier geht es um Freiheit. Innere wie äußere. Im Wahrnehmen und Ernstnehmen unserer momentanen Bedürfnisse, unseres momentanen Gefühls, unseres gerade im Moment gespürten Wissens entdecken wir, was getan werden kann und muss. Wir entdecken plötzlich die Wahl, die wir glaubten verloren zu haben.

Die Wahl

Die 15-jährige Sandra hatte diese Wahl bereits verloren. Sie musste sich schon in ihren jungen Jahren fürs Aushalten entscheiden. Weil sie keine andere Alternative je kennen gelernt hat. Und Sandra ist in bester Gesellschaft damit. Sie fühlte sich in der Schule und im Elternhaus im Stich gelassen und rettete sich, indem sie aushielt, was gefordert wurde. Ich lernte sie an einem meiner Schul-Projekttage zum Thema Gewalt und Vorurteile kennen. Es waren über 100 Schüler und Schülerinnen, die über ihre Erfahrungen sprachen. Sandra war still, unauffällig und angepasst. Die Lehrer hatten nichts an ihr zu beanstanden. Ihre Eltern, beide Akademiker, erwarteten von ihr gute Noten. Mehr nicht. Aber auch nicht weniger.

Die Schüler wählten aus vielen farbigen Blättern eines aus und zogen verschiedene Satzanfänge, die sie beenden konnten. Auf Sandras Blatt stand: „Die Schule macht mich..." Es verging kaum eine Sekunde und schon schoss es aus dem Mädchen heraus: „Die Schule macht mich aggressiv, depressiv und krank. Mich interessiert nichts von dem, was ich lernen muss. Ich hasse es! Aber ich habe aufgegeben, mich dagegen zu wehren, ich habe aufgegeben zu sagen, was ich wirklich fühle und möchte, ich will nur noch bis aufs i-Tüpfelchen genau gesagt bekommen, was ich wie zu lernen und zu tun habe. Damit kriege ich gute Noten und habe meine Ruhe vor den Eltern und den Lehrern. Die sind dann zufrieden." Lehrer wie Mitschüler waren vollkommen perplex! So etwas kam aus der stillen und guten Schülerin Sandra! Auf meine Frage, wie es ihr dabei gehe, antwortete sie: „Miserabel!" „Und was tust du, wenn es dir miserabel geht?" „Ich schlage auf mein Kopfkissen ein, und wenn das nichts mehr nützt, schlage ich meinen kleinen Bruder. Der schreit dann so schön laut."

Sandra hatte aufgegeben, ihre Gefühle und Wünsche mitzuteilen. Die Schreie ihres Bruders sind Ersatz für ihre eigenen nicht ausgedrückten Schreie geworden. Sandra äußerte keine Träume. Und dafür bekam sie gute Noten und Anerkennung. Sandra verbot sich selbst, bereits in ihrem jungen Leben, auf ihre innere Stimme zu hören. Diese lebenserhaltende Stimme, die wohl rebelliert hätte und gezeigt hätte, wie elend sie sich unter dem Erwartungsdruck fühlt. Sie vergrub sie und wird sie mit den Jahren vergessen.

Können Sie sich ihr weiteres Leben vorstellen? Irgendwann wird sie resigniert feststellen: Ich habe nicht gelebt. Aber viel geleistet. Wenn aber dieses Bewusstsein sich meldet, ist die Chance sofort wieder da!

Über das System

Ein unendlich wichtiger Schritt auf diesem Lernweg ist, das persönliche und auch das ganz allgemeine System, in dem wir stecken, einfühlend und zielgerichtet zu hinterfragen. Es macht uns einseitig und darum krank. Das Unterwerfungs-System unserer Schulen ist eines der besten Beispiele dafür. Unterwerfung und Gehorsam als tägliche Anforderung toleriert, kann nicht in Wahrhaftigkeit, Mitgefühl, Mut, Solidarität, Anstand, Freiheit und gelebter Liebe münden. Unter Zwang lernen wir nicht zu leben, sondern zu überleben. Und darum besteht die absolute Notwendigkeit, ein System, ein Umfeld zu schaffen, eine Haltung zu fördern, in der Intuition, Gefühle, erste Impulse und die innere Stimme den gleichen Stellenwert haben wie das angelernte an sich ebenso wertvolle Wissen.

Wäre unser rationales Wissen ausreichend, dann hätten wir unseren Kindern Schulen und Lernmöglichkeiten geschaffen, mit denen sie glücklich wären. Und aus denen selber denkende und mitfühlende Frauen und Männer wachsen könnten, die ihrerseits die Fähigkeit hätten zu spüren, wann ihr Kind aufgegeben hat, es selbst zu sein. Ein Mädchen wie Sandra würde nicht für ihre Selbstaufgabe gute Noten bekommen. Wir hätten dieses System, das künstlich Sieger und Verlierer erzeugt, nicht geschaffen und nicht geduldet. Ganz einfach, weil unser ganzes Gefühl dagegen rebelliert hätte und wir darauf hätten hören dürfen.

Immer noch sind es wenig Eltern und wenige Schulen, die den Kindern ihren eigenen Rhythmus zugestehen, in dem sie lernen dürfen, und auch *das* lernen dürfen, was sie wirklich interessiert. Ich habe viel von solchen freien Kindern gelernt, die gerade deshalb lernfähig sind. Sozial und intellektuell. Die ihre Freiheit nicht missbrauchen müssen, weil sie ihnen geschenkt wird. Schauen Sie sich um, es gibt sie, die Modelle, die Schulen und die Bücher, die das freie, undogmatische und gemeinsame Lernen praktizieren und darüber erzählen.

Zurück zum Impuls

Von einer Frau noch möchte ich Ihnen an dieser Stelle erzählen. Sie hat den Kontakt zu ihrem ersten Impuls nie verloren. Sie wusste immer genau, was sie eigentlich wollte. Und trotzdem machte sie genau das nie.

Als sie zu mir ins Gespräch kam, war sie gerade in die Geschäftsleitung ihrer international tätigen Firma befördert worden und am Ende ihrer Kräfte. In bestens antrainierter Weise erklärte sie mir den Sachverhalt: „Ich bin da angekommen, wo viele Frauen sein möchten. Ich bin gefragt und leiste mehr als jeder Mann. Durch den Kampf, den ich führte, um an diese Position zu kommen, habe ich mich aber irgendwie verloren. Ich spüre den Verlust meiner Weiblichkeit, ohne genau benennen zu können, was ich damit meine. Ich lebe seit 10 Jahren ohne Partner, und ich träume wie früher als junges Mädchen von meiner Farm in Kanada. Ich habe mir diesen Traum nie erfüllt. Obwohl er ständig präsent war. Meine Eltern sagten mir damals: Werde zuerst etwas, dann kannst du träumen! Ich bin jetzt 50 Jahre alt, und ich bin etwas geworden, aber nun traue ich mir meinen eigenen Traum nicht mehr zu. Mein ganzes Leben lang habe ich ihn vor mir hergeschoben. Hinter mir hergeschleppt. Habe Karriere gemacht und viele Entscheidungen getroffen. Nur nicht die, meinen Traum zu erfüllen."

Erst als sie sich zugestand, ihre volle Konzentration ihrem Traum zu widmen und Schritt für Schritt, konsequent ihrem jeweiligen ersten Impuls zu folgen, diente ihr die Kraft, die sie vorher dazu brauchte, ihrem Traum *nicht* zu folgen, zur Umsetzung dessen, was sie schon immer tun wollte. Ihre Angst vor dem Fall blieb auf diesem neuen Weg präsent, aber sie war nicht mehr stärker als ihr Traum. Sie lebt heute in Kanada, genauso, wie sie es sich immer vorgestellt hatte. Und sie ist nicht mehr allein, und ihr Frausein wurde zur Entdeckung einer völlig neuen Kraft in ihr.

Das Gemeinsame

Was haben der Chemiker, der Arzt, die Schülerin und die Managerin gemeinsam, obwohl ihre Lebensgeschichten grundverschieden sind?
- Sie funktionieren gut und werden gerade dadurch anerkannt und sozial abgesichert.
- Sie sind unzufrieden, spüren einen Verlust in sich.
- Eine tiefe Resignation lebt in ihnen.
- Sie kapitulieren.
- Sie spüren den drängenden Wunsch nach dem eigenem Leben und Wahrsein.

Das, was ich in meiner Arbeit täglich feststelle, ist das Vorhandensein des klaren Wissens in jedem Menschen, das aber nicht wahrgenommen werden darf und durfte. Was diese Menschen mitbringen, ist die Unzufriedenheit, gepaart mit einer tiefen Resignation. Und wenn sie noch nicht vollends begraben ist, dann noch gepaart mit der Sehnsucht nach echtem Leben. Aber da ist auch gleichzeitig die Angst vor dem echten Leben mit all den eigenen Träumen, den eigenen Wünschen, der eigenen Ethik. Und da ist die Anpassung an geforderte Erwartungen und Normen. Und da sind die Folgen davon. Eine Unterwerfung an eine diffuse Macht von Nicht-Leben-Dürfen, die wie eine Epidemie so viele Menschen angesteckt hat.

An dieser Krankheit laborieren wir alle mit. Und alle, die ich begleite, möchten damit aufhören. Und sie beginnen endlich ihrem Mitgefühl – das einhergeht mit dem inneren Wissen – zu folgen. Zuerst in kleinen, später in größeren, sie befreienden Handlungen.

Nicht wenige haben bereits langjährige Analysen hinter sich und können sich selbst und anderen genau erklären, warum sie nie das machten, was sie eigentlich gerne gemacht hätten. Sie haben Methoden und Theorien befolgt, sind in Religionen und Traditionen verwurzelt, haben gelernt und gelehrt. Sie haben vieles ausprobiert, kennen Gurus und Heilslehren. Sind hochausgebildet und besitzen Titel und Funktionen. Sie haben erfolgreiche, interessante Berufe und Karrieren.

Aber eines haben sie nicht: ihr eigenes Gefühl vom selbstgewählten und gelebten Leben. Dafür aber dieses sich immer wieder meldende Gefühl der Unzufriedenheit, ohne direkt ersichtlichen Grund. Eine Resignation, die geboren ist aus dem Gefühl der Hilflosigkeit der eigenen Sehnsucht nach glücklichem Leben gegenüber.

Die Resignation

Ich möchte noch etwas bei diesen Gefühlen der Resignation bleiben. Ich bedauere sehr, dass sie in keiner Weise als das, was sie ist, erkannt wird, nämlich als wahrhaftiger Spiegel der eigenen Befindlichkeit und zwar ohne Wenn und Aber. Ohne Beschönigung, ohne Verbrämung und nicht verklausuliert. Als ein großes Geschenk an uns selbst, wollen wir wirklich ins *eigene* Leben gehen.

Viele Frauen und Männer leben bei *genauer* Betrachtung in dieser umfassenden tief greifenden Resignation. Und diese wird oft nicht bewusst wahrgenommen. Weder von den Betroffenen selbst noch von ihren Therapeuten und Beratern und schon gar nicht von unserer Gesellschaft. Aber das ist es, was sie sind, einfach nur resigniert.

Wahrgenommen werden hingegen die *Symptome* der Resignation, wie z. B. Mutlosigkeit, Lustlosigkeit, Langeweile, Antriebslosigkeit, Depression, Aggression, Leere, Wut, Migräne, Konsumsucht u.v.a. mehr. Resignation und die damit oft verbundene Kapitulation den eigenen wahren Bedürfnissen gegenüber kann sich aber auch ganz anders zeigen. Und dieser Ausdruck einer versteckten Resignation ist der raffinierteste, denn er ist uns als Voraussetzung, leben zu können, antrainiert worden. Hier zeigt sie sich nämlich auch im Kampf um

– die Stellung mit dem höchsten Prestige
– den höchsten Bonus
– Marktvorteile, egal um welchen Preis
– Karriere, egal um welchen Preis
– eine Frau, einen Mann
– die beste Aktie
– ums Rechthaben.

Diese Liste ließe sich endlos weiterführen. An solchen Kompensationen hängt unser zerstörerisches und ausbeuterisches Wirtschaftssystem, das gerade darum zu funktionieren scheint. Analysen, Statistiken, Produkte, Beratungen basieren darauf.

Was täten sie alle, wenn dies aufhören würde? Was, wenn die Menschen frei von alledem würden? Das darf nicht sein, und darum: Wenn die Resignation tatsächlich wahrgenommen wird, wird sie unverzüglich benannt, bewertet, beurteilt, analysiert und mit den verschiedensten Methoden und Mitteln *bekämpft*.

Sie darf nicht sein. Denn sie hindert uns am Funktionieren, das uns abverlangt wird. Sie bringt uns zum *eigenen* Nachdenken. Und das führt uns in den Abgrund. Dazu hat jeder Mensch seine eigene Vorstellung. Jedenfalls ist diese Vorstellung von Befreiung aus der Funktions- und Manipuliermasse Mensch immer ganz existentiell bedrohend.

Ich sage Ihnen, das Gegenteil ist der Fall: Wenn wir nämlich Schritt für Schritt vorgehen, die Resignation einfach sprechen lassen und somit in diesen Spiegel der tatsächlichen Befindlichkeit schauen, und zwar *ohne Wertung*, einfach nur schauen und es einfach nur wirken lassen, ohne Benennung dessen, was wir sehen und ohne gleich die Gefühle dazu zu unterdrücken und wegtherapieren zu wollen, dann führt uns dieses Schauen zu der Brücke, nach der wir ja eigentlich suchen, hinüber zu unserer tiefen *Sehnsucht* nach unserem eigenen gelebten Leben.

Die Sehnsucht

Hin zu dieser Sehnsucht, die uns wiederum direkt zu unserer inneren Wahrheit führt, die wir ebenfalls für sich sprechen lassen dürfen, um so beginnen zu können, das zu leben, was wir wirklich fühlen und wollen.

Das allerdings braucht *Konzentration* auf die *Tatsachen* unseres wahrhaftigen Fühlens und die Tatsachen unseres gegenwärtigen Lebens. Und es braucht einen offenen Geist, der wertfrei und ohne Vorstellung direkt aus unserem Herzen mitdenkt und vor allem mithört. Nur das Herz kann *wertfrei* hören. Ausbildung, Vorstellung, Meinung und Wertung geben dem Herz in der Regel keinen Platz.

Die Sehnsucht in uns beredt werden zu lassen, ist etwas vom Schönsten überhaupt. Da kommen Visionen, Träume, Ideen, Wünsche zum Vorschein, die tiefen Wahrheiten in uns entspringen. Und die von Liebe und Solidarität für den Mitmenschen, die Tiere und die Natur nur so sprühen. Die eine gelebte Freiheit mit sich bringen, die uns alle beseelt. Die Fachwissen endlich dem Menschen und dem Planeten Erde dienbar macht. Und es kommt eine der wichtigsten Einsichten zu Tage, nämlich die, dass der freie und befreite Mensch aus innerem Antrieb und Bedürfnis voller Rücksichtnahme ist.

In den vielen Neuorientierungsseminaren, die ich im Laufe der Jahre durchgeführt habe, war dies eine der erstaunlichsten und tragfähigsten Feststellungen. Der Mensch ist fähig, über all seine Konditionierungen, Vorurteile, Religionen, Ethnien hinauszuwachsen. Er wächst sogar über das Frau- und das Mannsein hinaus und wird einfach nur Mensch. Dies ist gelebte Spiritualität, die einfach, klar und deutlich ist.

Es braucht aber das wertfreie Zuhören. Das ist unabdingbar, soll gelebtes Leben gelingen. Es braucht den Mut, sich vom eigenen inneren Feuer wärmen zu lassen. Und es braucht das Bewusstsein und den Willen, es auf kein vorgeschriebenes Maß zu reduzieren. Ganz natürlich führt uns das zu Zufriedenheit und Selbstbestimmtheit. Und dies wiederum eröffnet uns die *Wahl*, die wir in unserer Hilflosigkeit längst verloren glaubten. Diese Wahl bringt uns Freiheit, Mitgefühl und Kraft; das wiederum beschert uns das Gefühl vom gelebten Leben, nach dem wir so lange suchten.

So können Unzufriedenheit und Resignation unsere untrüglichen Wegweiser zu unserer Sehnsucht nach gelebtem Leben werden. Es ist eine Chance, die wir nicht unterdrücken sollten. Denn die Sehnsucht ist die Schwester der Resignation. Und die Sehnsucht ist die Sprache des Lebens, das in uns wach werden will und wachsen will. Und somit ist sie der authentischste Wegweiser ins gelebte Leben.

Und hier erwacht nun der *Wille*, der die Kraft in sich birgt, diesen neuen Weg zu gehen. Auch wenn dieser manchmal unbequem ist. Es erfordert die Bereitschaft, tiefes Erkennen und tiefe Einsicht zuzulassen. Was daraus wächst, ist der Mut zum Handeln. Und es erfordert das Weglassen jeglicher Art der Ablenkung und äußeren Wegleitung. Und das ist nicht leicht in unserer wahnsinnigen Zeit mit ihren schnellen Rezepten. Aber das ist unabdingbar, will man den wirklich eigenen Weg finden und gehen.

Keine Schule, keine Universität und kein Beruf hat uns das gelehrt. Es scheint uns darum unendlich schwer, diesen Weg ganz praktisch zu gehen und diese innere Stimme zu hören und ihr dazu noch zu vertrauen. Vor allen Dingen, die richtige innere Stimme zu identifizieren. Diesen ersten Impuls vom zweiten Impuls zu unterscheiden, das erscheint am Anfang fast unmöglich.

Die Erwartungen

Darum gerät zunächst alles ein bisschen oder ziemlich durcheinander, und so taucht dann auch meistens genau in diesem Moment der inneren Wahrheit die *Erwartung* auf, eine Methode, eine Theorie oder eine Lehre könne nun diese erwachte Wahrheit erfüllen. Also glaubt man, man müsse nur das Richtige für sich finden, die neuen

Leitlinien nur richtig befolgen, um so die eigene Sehnsucht erfüllt zu bekommen. Und dass so das gelebte Leben machbar wird. Wir haben ja vor allen Dingen genau das gelernt, etwas Vorgegebenes richtig zu erfüllen. Dafür bekamen wir Lohn und Anerkennung, und damit sind wir schließlich nicht verhungert. Außer eben unser Hunger nach gelebtem Leben, der blieb groß.

Diese Hoffnung, jemand oder etwas kann mir zeigen, wie ich glücklich leben könnte, ist darum ganz natürlich, birgt aber die Gefahr, ein fremdes Lebenskonzept statt des eigenen zu leben. Es birgt zudem die Gefahr, dass die Sehnsucht manipuliert wird. In eine Richtung, die einem anderen statt mir selber dient. Diese Art der Manipulation ist allgegenwärtig und bringt Leid und Verunsicherung, man verliert den Zugang zu sich selbst und damit zum eigenen klaren Wissen und Fühlen.

Die Geschichte der 11-jährigen Liza zeigt eindrücklich, was geschehen kann, wenn ein Mensch sein klares Wissen und Fühlen verlässt: Lizas Eltern waren geschieden. Liza konnte selber entscheiden, wann sie bei wem sein wollte. Das ging solange gut, bis der Vater plötzlich bestimmte, es sei nun besser für sie, wenn sie ein Zuhause hätte und nicht mehr zwei. Liza fiel in tiefe Verzweiflung. Bekam Schulschwierigkeiten, Schlafstörungen und weinte wegen jeder Kleinigkeit. Sie wurde immer wieder krank, und die Mutter beschwor den Vater, seine so schwerwiegende Entscheidung zu überdenken. Sie wusste kaum noch ein und aus. Der Vater aber blieb bei seiner Entscheidung. Als Liza mit ihrer Mutter zu mir kam, erzählte sie mir ihr Leid. Sie weinte und sie litt. Obwohl sie dem Vater klar mitgeteilt hatte, dass sie glücklicher sei, wenn sie ihn oft sehen könne und sie schrecklich traurig sei, wenn er sie nur alle vier Wochen sehen wolle, blieb der Vater bei seiner Auffassung.

Das allein ist schon schlimm genug. Was aber am allerschlimmsten ist: Der Vater befolgte den Ratschlag des Psychologen, zu dem er ins Gespräch geht. Ein Kind müsse klare Strukturen haben, meinte dieser. Es sei nicht gut, wenn es mal hier, mal dort sei. *Gegen sein eigenes Gefühl* entschied der Vater, diese Weisung einzuhalten. Dem Kinde zuliebe, wie er meinte. Bis zu dem Zeitpunkt, als eine Autoritätsperson einen anderen Weg empfahl, war Liza ein aufgewecktes, selbstsicheres Kind. Danach verlor sie den Boden. Und man behandelte die Symptome, bis gar nichts mehr ging.

Das Gefühl

Hier haben wir ein klassisches Beispiel, wie Leid entstehen kann. Alles geht gut, bis der Vater *sein eigenes Gefühl* verlässt, um einem vermeintlich rationalen Wissen zu folgen. Von dem Tag an, als er den Mut aufbrachte, sein Gefühl wieder ernst zu nehmen, lösten sich die Probleme des Mädchens. Es wurde wieder fröhlich und lebendig. Ansonsten hätte es je nachdem wohl depressiv, magersüchtig oder gewalttätig werden können.

Wenn ein Mensch seinem inneren Gefühl nachgeht, dieser Stimme seines Herzens folgt, dann lebt er auf ganz natürliche Weise voller Mitgefühl für sich selbst und seine Mitmenschen. Dogmen, Glaubenssätze, Manipulationen und Lehren können ihn nicht dahingehend beeinflussen, dass er gegen sein eigenes Gefühl anlebt.

Das ist die Aufgabe, die wir haben, wenn Veränderung in unserem Leben stattfinden soll. Wir kommen nicht umhin, immer wieder für uns selbst die *Verantwortung* zu übernehmen und zu hinterfragen, *was* wir gerade tun und für *wen* wir das tun und ob wir das tun *wollen*, was wir tun. Wir alle besitzen diesen wichtigen Kompass in uns, der uns auffordert, ihm zu folgen. Wir müssen es halt einfach nur tun. Auch wenn es uns am Anfang schwer erscheint. Mit der Zeit wird es immer selbstverständlicher und befreiender. Und als Zugabe höchst lebendig!

Wenn Sie die *Erwartung auf Ihr eigenes Wahrsein* lenken, dann ist das *die* Erwartung, die ich unterstützen kann. Diese führt in Ihre Selbstbestimmtheit und duldet keinerlei Manipulation. Und das lässt Träume wahr werden.

Die Selbstbestimmung

Anna war 32 Jahre alt, als sie zu mir in die Beratung kam. Sie hatte, zusammen mit ihrem Partner, einem sehr erfolgreichen Unternehmensberater, einen wunderschönen Bauernhof in einem stillen Tal in der Schweiz gekauft. Sie arbeitete mit Pferden, wie sie es sich immer gewünscht hatte. Und doch sass sie eines Tages bei mir. Etwas fehlte ihr. Sie schämte sich dafür, hatte sie doch alles erreicht, was sie wollte. Nur etwas verwirrte sie. Sie konnte sich das kaum eingestehen. Sie träumte nun plötzlich von unendlichen Weiten. Sie wollte sich auch sofort wieder davon distanzieren und wurde dabei von Tränen geschüttelt.

Ich ermunterte sie, weiterzuträumen. Sie behielt – trotz Panik, die aufstieg – die Bereitschaft dazu. Und sie beschloss, ihre Vision von Amerika ihrem Partner zu erzählen. Dieser reagierte entsetzt. Sie lebten ja erst seit knapp zwei Jahren auf dem Hof und hatten viel investiert. Sie realisierte zum ersten Mal bewusst, dass sie einen Hof geschaffen hatten, der ihrem sanften, freien und einfachen Wesen nicht entsprach. Die Innenräume waren durch ihren Partner auf Messing und Marmor gestylt worden. Der Garten glich einem französischen Königshofgarten, dessen einzige Aufgabe es war, reich zu scheinen. Es fiel ihr wie Schuppen von den Augen. Sie beide hatten eine sich völlig widersprechende Lebensphilosophie. Und sie hatte sich aus Gewohnheit vollkommen angepasst.

Gerade jetzt musste sie durch Zufall erfahren, dass ihr Partner eine Geliebte hatte und beschloss, drei Wochen zu Freunden nach Amerika zu reisen. In den Weiten Colorados kam sie sich selbst näher. Sie traf einen Menschen, der ihrer Seele entsprach und mit dem sie Gespräche führen konnte, die ihr im Innersten gut taten. Zurück in der Schweiz, wollte sie noch einmal versuchen, mit ihrem Partner ins Gespräch zu kommen. Er aber wollte nur eines: dass alles blieb, wie es war. Kurz: Es kam zu einer unschönen Trennung. Sie verlor und verzichtete auf einen Großteil ihres Vermögens und überließ ihrem Partner den Hof. Sie reiste zurück nach Colorado und ist heute dort glücklich verheiratet. Zusammen mit ihrem Mann und den dort ansässigen Indianern hat sie mit Lust und Kraft ihr eigenes Unternehmen auf die Beine gestellt.

Sie schreibt mir lebensfrohe Briefe, und einer der letzten enthielt einen Satz, den ich Ihnen nicht vorenthalten möchte, denn ich finde, er beschreibt gelebtes Leben sehr treffend: *Du hast mein Leben zum Singen gebracht.* Natürlich hat sie das selbst getan. Meine Begleitung hielt sie einzig an ihrem Wesenskern, aber *sie* war bereit, diesem zu folgen. Durch alle Angst und alle vordergründig materiellen Verluste hindurch, die sie während dieses Lernweges zu sich selbst hin begleiteten.

Folgen Sie sich selber

Es gäbe noch viele realisierte Träume zu erzählen... Ich möchte Sie auffordern, Ihre Träume ernst zu nehmen und ihnen zu folgen. Vor allen Dingen, sie nicht zu werten, sie nicht in Schubladen innerer und äußerer Zensuren zu stecken. Sie frei zu lassen, groß oder klein zu lassen, einfach so, wie sie sich gerade zeigen. Ist da kein Traum, sondern nur das Gefühl der Unzufriedenheit oder Unerfülltheit, dann gehen Sie dieser nach und bleiben Sie dabei nicht an den Symptomen hängen. Sie können Jahre damit verbringen, diese zu untersuchen und zu analysieren, ohne je in Ihr gelebtes Leben zu springen.

Vielleicht ist das nun der Moment, in dem Sie jetzt gerade die Augen schließen und sich fragen können: „Habe ich mich in meinem Leben je gefragt, was *ich* will? Oder habe ich gemacht, was die anderen von mir wollten? Was ist mein tief gespürtes Bedürfnis? Wonach sehne ich mich? Gerade jetzt." Nehmen Sie aufmerksam das allererste Bedürfnis wahr und behalten sie es wie ein kostbares Geschenk. Es hat sich gemeldet aus Ihrem tiefsten Innern, das Sie solange nicht hören durften. Darauf können Sie vertrauen und aufbauen. Es ist der Same, der wartet, dass Sie ihn begießen, mit Ihrem Willen und Ihrer Konzentration, Ihrem Mitgefühl und Ihrem freien Geist. Dazu haben Sie immer die Wahl.

Lassen Sie sich *nicht* anstecken von all den zweiten Impulsen in Ihnen selbst und um Sie herum. Jede schnelle Gegenstimme ist aus Selbstentfremdung gewachsen. Innen wie außen. Prüfen Sie gut, wer oder was Ihre innere Lebendigkeit zu Tage fördert oder aber sogleich abtötet. Lassen wir unsere Lebendigkeit abtöten, dann werden wir Teil dieser Haltung, die Menschen die Würde abspricht, die der Manipulation die Hand bietet, die das Mitgefühl als unlebbar darstellt und Liebe der Lächerlichkeit preisgibt.

Diese Wahl ist es, die wir alle haben und treffen müssen, soll Gewaltlosigkeit eine Chance bekommen, sollen Menschen heranwachsen können, die nicht wie geistlose, leblose Roboter alles ausführen. Diese Wahl ist es, die uns ermöglichen kann, als lebendige Menschen der Kraft unseres Mitgefühls zu folgen und so in die Unabhängigkeit, direkt in unser wahrhaft gelebtes Leben zu springen.

Es kann ein langer Weg werden, aber Sie werden auf diesem Weg immer fühlen, dass es Ihr Weg ist. Das ist wunderbar prickelnd und körperlich spürbar. Und er ist begleitet von kleinen und großen Zufällen und Wundern, die einfach passieren, sobald Sie sich wirklich treu sind. Lassen Sie sich anstecken, Ihrem wirklichen, eigenen, inneren Feuer zu folgen.

Autorinnen und Autoren

Bert Hellinger, geboren 1925, hat Philosophie, Theologie und Pädagogik studiert und arbeitete sechzehn Jahre lang als Mitglied eines katholischen Missionsordens in Afrika. Danach wurde er Psychoanalytiker und kam über die Gruppendynamik, die Primärtherapie, die Transaktionsanalyse und verschiedene hypnotherapeutische Verfahren zu der ihm eigenen System- und Familientherapie. Zahlreiche Publikationen, u. a.: Ordnungen der Liebe – Ein Kursbuch (Carl-Auer-Systeme Verlag 1994); Familien-Stellen mit Kranken – Dokumentation eines Kurses für Kranke, begleitende Psychotherapeuten und Ärzte (Carl-Auer-Systeme Verlag 1993); Verdichtetes – Sinnsprüche – Kleine Geschichten – Sätze der Kraft (Carl-Auer-Systeme Verlag 1996); Schicksalsbindungen bei Krebs – Ein Buch für Betroffene, ihre Angehörigen und Therapeuten (Carl-Auer-Systeme Verlag 1997); Finden, was wirkt – Therapeutische Briefe (Kösel Verlag 1993); Anerkennen, was ist – Gespräche über Verstrickung und Lösung (Kösel Verlag 1996); Die Mitte fühlt sich leicht an – Vorträge und Geschichten (Kösel Verlag 1996); Liebe auf den zweiten Blick. Lösungen für Paare (Herder 2002); Mit der Seele gehen (Herder, 3. Aufl. 2003); Rachel weint um ihre Kinder. Familien-Stellen mit Überlebenden des Holocaust (Herder, erscheint 2004).

Der Vortrag „Zweierlei Glück" erschien erstmals in: Lothar Riedel (Hrsg.): Die Suche nach Glück und Sinn. Beiträge zu den Basler Psychotherapietagen 1997, Rheinfelden (Mandala Media) 1997, S.85ff.

Wilhelm Schmid, Dr. phil., geboren 1953, freier Philosoph, lebt in Berlin und lehrt als Privatdozent an der Universität Erfurt und als Gastdozent an der Staatlichen Universität Tiflis (Georgien). Regelmäßige Tätigkeit als „philosophischer Seelsorger" in einem Krankenhaus bei Zürich. Publikationen: Schönes

Leben? Einführung in die Lebenskunst (Suhrkamp Verlag, 4. Auflage 2001); Philosophie der Lebenskunst – Eine Grundlegung (Suhrkamp Verlag, 8. Auflage 2001); Auf der Suche nach einer neuen Lebenskunst (Suhrkamp Verlag, Neuausgabe 2000); Die Geburt der Philosophie im Garten der Lüste (Suhrkamp Verlag, Neuausgabe 2000); Reinhold Messners Philosophie: Sinn machen in einer Welt ohne Sinn, herausgegeben gemeinsam mit Volker Caysa (Edition Suhrkamp, 2. Auflage 2002). www.lebenskunstphilosophie.de

Der Vortrag „Vom Ich zum Wir?" erschien erstmals in: Lothar Riedel (Hg.): Vom Ich zum Wir. Psychotherapie und soziale Wirklichkeit, Beiträge der Basler Psychotherapietage 2002, Riehen (Perspectiva Media Verlag) 2002, S. 213ff.

Arnold Mindell, Dr. phil., 1940 in New York geboren, Diplom in Analytischer Psychologie am C.G.-Jung-Institut Zürich. Die Entdeckung, dass Träume und Körpersymptome dieselbe Wahrheit ausdrücken wollen, führte zu seiner „Traumkörperarbeit" und schließlich zur Gründung der „Forschungsgesellschaft für Prozessorientierte Psychologie". Arnold Mindell arbeitet als Analytiker, spiritueller Lehrer und Seminarleiter in allen Erdteilen mit Gruppen und Großgruppen im Bereich von sozialen und globalen Konflikten, Beziehungs- und Umweltproblemen. Publikationen u. a.: Den Pfad des Herzens gehen (Via Nova 1996); Das Pferd rückwärts reiten (Via Nova 1997); Schlüssel zum Erwachen (Patmos, 5. Aufl. 2003); Seine Träume deuten lernen (Via Nova 2003); Traumkörper und Meditation (Walter Verlag 1994); Der Weg durch den Sturm (Via Nova 1997).

Der Vortrag „Mystik, Wahnsinn und alltägliche Achtsamkeit in Beziehungen" erschien erstmals in: Lothar Riedel (Hg.): Wahnsinn und Normalität. Beiträge zu den Basler Psychotherapietagen 1999, Riehen (Perspectiva Media Verlag) 1999, S. 181ff.

Jirina Prekop, Dr. phil., geboren 1929, war lange als Diplom-Psychologin an der Kinderklinik Stuttgart tätig. Sie lebt in Lindau/Bodensee, ist führende Vertreterin der Festhaltetherapie und bekannt durch Seminare im In- und Ausland. Publikationen u.a.: Der kleine Tyrann (Kösel Verlag , 18. Aufl. 1997); Schlaf, Kindlein, verflixt nochmal! (Kösel Verlag, aktualis. Neuaufl. 2003); Hättest du mich festgehalten ... (Kösel Verlag, 5. Aufl. 1995); Unruhige Kinder (dtv 1997); Kinder sind Gäste, die nach dem Weg fragen (Kösel Verlag, 3. Aufl. 2003); Wenn ihr wüsstet, wie ich euch liebe (Kösel Verlag, 3. Aufl. 2002).

Der Vortrag „Verdammt ich lieb' dich, ich lieb' dich nicht" erschien erstmals in: Lothar Riedel (Hg.): Wahnsinn und Normalität. Beiträge zu den Basler Psychotherapietagen 1999, Riehen (Perspectiva Media Verlag) 1999, S. 233ff.

David Gilmore, Clown, Regisseur, Theaterpädagoge und Narrentherapeut. Er war über vierzehn Jahre in der psychiatrischen Abteilung in Freudenstadt und in weiteren psychsosomatischen Kliniken tätig und entwickelte dabei sein praktisches Konzept der humorvollen, körperorientierten Theaterarbeit. Seminare und Veranstaltungen in Deutschland und der Schweiz. www.davidgilmore.com

Der Vortrag „Die Kraft des Lachens" erschien erstmals in: Lothar Riedel (Hg.): Dem Wesentlichen auf der Spur. Beiträge zu den Basler Psychotherapietagen 2000, Riehen (Perspectiva Media Verlag) 2000, S. 59ff.

Evelyne Coën, geboren 1946, studierte Psychologie, Ethologie, Tanztherapie und Systemische Therapie. Als Beraterin und Seminarleiterin begleitet sie Menschen und Institutionen, die ihre Lebensqualität und Berufung (wieder)finden wollen. Durch Konzertauftritte pflegt sie weiterhin ihren früheren Bühne-Beruf und ihre Leidenschaft für das jüdische Lied.

Der Vortrag „Gelebtes Leben ist ansteckend. Ungelebtes auch" erschien erstmals in: Lothar Riedel (Hg.): Dem Wesentlichen auf der Spur. Beiträge zu den Basler Psychotherapietagen 2000, Riehen (Perspectiva Media Verlag) 2000, S. 23ff.

Die Vorträge wurden für den vorliegenden Band geringfügig modifiziert.